桐蔭学園ラグビー部
[illegible]利のミーティング

MEETING: TOIN GAKUEN RUGBY FOOTBALL CLUB'S SECRET FOR VICTORY

藤原秀之
ラグビー部監督

×

布施努
スポーツ心理学博士
ラグビー部メンタルコーチ

大和書房

はじめに

私が布施努先生に初めてお会いしたのは、２０１２年のことです。当時ＮＥＣグリーンロケッツのコーチだった秋廣秀一さんと電話でお話しする機会があり、「応用スポーツ心理学を学ぶのに興味深い人がいますが、一度会ってお話ししてみませんか」と勧められたことがきっかけです。その頃は指導法について試行錯誤をしていた時期で「ラグビー以外にも、さまざまなことを学ぶべきだ」と考え、布施先生にお会いしました。

２０１２年当時、高校三年生だった47期生は非常に難しい代でした（桐蔭学園には創立年から数えて「期」で呼ぶ習慣があります）。彼らが一年生の時の三年生（45期生）には小倉順平（現キヤノン）・松島幸太朗（現仏クレルモン）、二年生（46期生）には、濱野大輔（現リコー）・中村駿太（現サントリー）といった日本代表やプロで活躍するラグビー能力の高い選手が多く、ようやく高三になった47期生は、試合経験が少ないままだったのです。そうした難しい状況もあって布施先生にお会いしたわけですが、当初はチームへのアドバイスをいただくところまででした。

47期生は、結果的に全国大会（花園）ベスト16。翌２０１３年、48期生の代になり、初めて布施先生に生徒へのセッションを年に一度お願いしました。この代は後に帝京大学・明治大学・慶應義塾大学といった全国トップチームの主将などリーダーシップのある人材を多く輩出していましたが、全国大会準優勝という結果でした。全国優勝できる力があっただけに、その結果には、今までにないショックを受けました。また、次の49期生の代では神奈川県10連覇がかかっていましたが、県の決勝戦でまさかの完敗。その日の夕方には布施先生に電話をして、一週間後にセッションを行っていただくことになりました。

先生のセッションは驚くことばかりで、本校ラグビー部に足りない部分を確信しました。あの日のセッションがなければ、今日の桐蔭学園ラグビー部はなかったと思えるほど重要な一日となりました。

こうして、本校での布施先生のトレーニングは本格的に始まったのです。

２０１５年50期生である齋藤直人（現サントリー）の代も簡単ではなかったのですが、全国大会準優勝となり、成果が出始めた代であったと思っています。

その後、２年連続で全国大会ベスト４、２０１６年から２０２１年まで全国選抜大会は優勝3回（3連覇。２０２０年は全国選抜大会中止）、準優勝2回。全国大会では、ベスト4が2回・準優勝1回・優勝2回（二連覇中）となり、安定して全国大会で上位の成績を収めることができるようになりました。

まだまだ勉強中ではありますが、今回、桐蔭ラグビーのトレーニングをお伝えする機会をいただきました。スポーツ心理学のトレーニングを取り入れたことで、チームの成績で大きな成果を得ていますが、それと同時に、「選手たちの人間的成長」が目に見えてわかるようになりました。トレーニングを通して、選手たちのリーダーシップや考える力が向上しているのです。スポーツ心理学では「ライフスキル」と言われていますが、スポーツで得た知見は、日常の生活にも生かされていきます。たとえ将来的にスポーツから離れても、選手たちに残る財産といえるでしょう。

私たちが実践しているトレーニング法をお伝えすることで、読者の皆さまのお役に立てることがあれば幸いです。

藤原秀之

序章　桐蔭学園流ミーティングは、どのように生まれたのか

第1章　ふつうの高校生を「最高のリーダー」にする育成法

第2章

桐蔭学園流ミーティング 7つのコツ

第3章

「自分で動き、成長する選手」を育てる指導哲学

第4章

コロナ禍を乗り越え、花園二連覇へ

付録

歴代キャプテンに聞く　桐蔭学園、強さの秘密

序　章

桐蔭学園流ミーティングは、どのように生まれたのか

ラグビー部、ある日のミーティング風景

２００２年に藤原秀之監督が就任して以来、名実ともに全国大会常連の強豪校に成長した桐蔭学園ラグビー部。２０１０年に行われた第90回全国高等学校ラグビーフットボール大会（花園）決勝では、東福岡高等学校と引き分け両校優勝となり、初の全国優勝を飾った。

その後、転機となったのは、２０１４年の神奈川県予選の決勝戦。10年連続花園出場をかけた大事な1戦で、慶應義塾高校に11対29で敗れたのだ。「花園に出場して当たり前」「全国優勝候補」と言われていた桐蔭学園が県大会で負ける。絶対にあってはならないシナリオを叩きつけられて、藤原監督はある行動をとる。その素早い行動が、２０１９年の花園優勝へとつながる、第一歩だった。

「スポーツ心理学」を導入した理由

藤原秀之（以下、藤原）

このところワールドカップでも日本代表のメンタルコーチが紹介されることも多くなってきていますし、現代のラグビー界ではものすごく重要視されている分野だと感じます。

しかし、日本の文化として、練習の時間をそこに割くところまではきていないのかもしれない。結局、最後はグラウンドでやったほうがいいだろうという風潮があります。でも、グラウンドレベルだけでは、チーム内、監督と選手の相互理解が築けない。私の場合は、そこがかなり重要だと感じています。

今では高校野球や他のスポーツでもメンタルトレーニングを取り入れているとこ

ろは多くなっています。監督が本を読んで実践しているところもあるでしょうし、スポーツ心理学博士がついているところもあると思いますが、画一的な印象を受けます。授業やセミナーのように一方的な内容なのではないかと感じます。もちろんいろいろなやり方がありますから、それが悪いと言っているわけではありません。

でも、布施先生は、一方的に理論を押しつけるわけではなく「自分たちで考えさせる、作らせる」という形でトレーニングをしてくださいます。

監督の立てたプラン通りプレーするだけでは、選手は自分で考えなくなります。でも「自分たちで考える」ことが定着すると、ラグビーがもっとおもしろくなると思います。

実は、負けしまった県大会（２０１４年、慶應義塾高校との試合）の一週間前のミーティングで「これは負けるな」という雰囲気はわかっていたのです。

もちろんミーティングはしていましたが、基本的にはキャプテンと私、私と選手たちとの間で行われており、弱い部分をどうすべきなのか、選手自身がどう考えているのかが見えていなかったんですよね。だから、試合までの一週間でどこまで持っていけるか見えてこないという微妙な状態でした。

試合では、主力選手たちが思考停止になって、フリーズしてしまいました。だからゲーム作りが全くできなくなって負けたのです。「やはりな」という結果。なんとなくぼんやりわかっていたのに、対策ができずに負けたので、大きな反省点となりました。

今までずっと勝ち続けたチームがコロッと負けたわけですから、それは私のやり方が悪かったのだし、完全にトップの責任です。

私の中では、それなりにコーチングやチーム作りを学んできて、自信があった中での負けだったので、「これは慢心だな」と、もう一度学び直さなきゃいけない、変えなきゃいけない、と思いました。

試合が終わって1時間半か2時間後くらいに、布施先生に電話をしました。「スポーツ心理学の力を、布施先生の力を貸してください！　お願いします」と、必死でしたね。本当はすぐにでも会いたかったのですが、先生のスケジュールもあるし、結局、一週間後にセッションをやることになりました。

もともと布施先生に初めてお会いしたのは、２０１２年頃です。このときもチーム作りに悩んでいました。

偶然にも布施先生の息子さんが桐蔭学園に通っていたという縁もあり、布施先生にスポーツ心理学のセミナーを開催してもらって、話を聞きました。そのときは衝撃的でしたね。

布施先生は自分の意見を言うことはあまりなく、ただただ相手の言葉に対して質問を繰り返しているのです。自分の考えというより、相手に考えさせ、それを吐き出させるイメージでした。選手たちに声をかけ続けていた私とは真逆と言ってもいいくらい、違っていました。

そのとき、衝撃は受けましたが、自分たちの考えていた基本の部分は間違っていないな、と変に納得してしまったこともあり、このまま自分たちだけでもできるな、と思ってしまいました。だからそのタイミングで先生にチームに加わってもらうことはなく、電話でアドバイスをもらう程度でした。

今となっては、なぜその場でお願いしなかったのか、不思議で仕方ないのですが（笑）。妙なプライドがあったのかもしれません。とりあえず、自分たちでやってみることにしました。

結果も、全国大会に出場しベスト16に入ったし、悪くない。メンバーも二年生中心でしたし、その時点では、それで十分だと考えてしまっていました。

その後もチームに積極的に関わっていただくという形ではなく、チーム状態を話して「選手の役割を明確にすること」などのアドバイスをもらう程度になっていました。

２０１３年の選抜大会（全国高等学校選抜ラグビーフットボール大会）中か、その前だったと思います。そのとき布施先生が「このチームはかなりチームコヒージョン（チームのまとまり）が高いですね。団結力が強いです」とおっしゃいました。そのときのチームは、まさにそのとおりで、よっぽどのことがない限り折れないチームでした。

その言葉を聞いて安心してしまったのか、結局、選抜はベスト8までしかいけなかったのです。また、その年は絶対に全国大会で優勝すると思っていたのに、実際は準優勝でした。その試合が終わって布施先生と話したとき、「もうちょっとマクロ的にやっていかないとだめかもしれませんね」という話をされました。「最低5人くらいのリーダーが必要ですよね」と言われました。

このときも、先生にサポートをお願いするチャンスがありましたが、今思えば不思議なことですが、お願いしませんでした。花園で準優勝でしたし、私自身が納得していたのかもしれません。

そしてその翌年（2014年）の神奈川県予選の決勝戦で、慶應義塾高校にスコーンと負けたわけです。完敗です。そして、その場ですぐ布施先生に電話をしました。

布施努（以下、布施）

藤原監督から電話をもらったときはびっくりしました。それまでも電話でお話はしていましたし、アドバイスもさせていただいていたので、「また花園に行きます」

という電話だろうと思っていたのです。

ところが、県大会で負けたというじゃないですか。「これは相当こたえているぞ」と、状況からも電話口の声色からも感じました。また、負けた直後に電話をかけてくださったことに対して、「すごいな」と思いました。ふつうはこんなに早く行動できません。

この段階で、監督の中ではすでに話はまとまっていたので、その後の展開はとても早かったです。僕のミーティングをやる前提でどんどん話を進めていきました。それで一週間後に、監督と僕のターニングポイントとなるミーティングを行ったわけです。

藤原監督はスポーツ心理学博士の仕事を理解されるとすぐにスタッフとして組み込んでくださいました。これは世界のスタンダードですが、日本ではまだ多いケースではないでしょう。

そもそも「スポーツ心理学」というと、静かな部屋で、僕が授業のように一方的に選手たちに話をすると思っている方も多いようですが、それはほんの一部の仕事です。

僕は、学問であるスポーツ心理学で、メンタルという目に見えないものを「見える化」して、スポーツの現場に落とし込み、しっかり機能させるということが大切だと思っています。ミーティングはもちろん、練習や試合にも同行します。現場が何より大事なのです。そのあたりを藤原監督は初めから理解されていました。

当時の藤原監督は、「キャプテンが思考停止になったとき、チームとしてどんな手が打てたのか」、「雰囲気がよくないことはわかるが、どのように変えればいいのか」ということについて考えている状況だったと思います。

そのとき、藤原監督に言ったのが「最低5人くらいのリーダーが必要ですよね」ということでした。これはキャプテン・副キャプテンだけではなく、もっとリーダー的能力をもった選手が必要だということです。「できればレギュラー全員がリーダーというくらいじゃないと勝てないですよ、まずはポジションごとにリーダーを作りましょう」と話しました。

ここでいう「リーダー的能力」とは、「アウトプットができる・自分の言葉で話せる・自己判断ができる・仮説を立てる力がある」ことです。

「性格やタイプは、世間でいうリーダーっぽい子である必要はありません。おとなしい子でもリーダーになれます。このようなスキルをもった選手を一人でも多くチームの中に育てましょう」と藤原監督とは話しました。そのためには、「選手たちが自ら考え、自ら発言し、どうしなくてはいけないのかを話し合うミーティング」が必要不可欠であると話したのです。

衝撃的なファーストミーティング

藤原

負けるときというのは、負ける原因である負の矢印がいろいろなところに向かいがちです。「あのレフェリーの判定は違っていたのではないか？　あの選手はこう動いたらよかったのではないか？　自分の采配が間違っていたのではないか？」など、様々な原因の分析をして、考えが囚われてしまうのです。

でも慶應義塾高校との試合の敗因は誰のせいでもなく、素直に自分たちに負の矢印が向いていました。原因は明らかに自分たちだと、誰もがわかっていました。

この試合は、今までに経験したことのない負けでした。10年前の第40期からずっと神奈川県では勝ち続けているわけですから。絶対に負けられない10連覇がかかっていた。そこで負けてしまったので、やはり考えるものがありました。次の1年間で、また強い桐蔭に戻れるか戻れないかという勝負の年だと感じていました。

布施先生との一回目のミーティングはすごかったです。布施先生はまず、当時二年生の中心人物だった栗原由太選手（現リコー）を自分の前に座らせました。そして「ゲームに出場している選手はこんなことを考えていたんじゃないか？」「観戦している選手はこう観ていたと思うよ」など、それぞれの立場で、どういう温度差があったかを振り返り始めました。私は選手と観客という視点では見ていなかったので、「お、そうくるか」と思いましたね。

そして、選手はどう感じ、どう思っていたのかを話すのですが、布施先生は該当する試合を見ていません。それなのに「君は失敗を挽回しようと空回りしていなかったか？」と、まるで試合を観ていたかのような質問をするのです。

普段のミーティングでは、私たちの前では絶対に出てこないような、選手の本音ともとれるような話がポンポン出てきました。

布施先生の質問は、「君は何を考えてプレーしていたんだ？」「そのときどう思ったんだ？」というものでした。選手は何かあればその現象ばかりを説明してきますが、それは頭の中が整理されていない状態だったんですね。そのときの「考え」を聞くようにすると、選手も本音を吐き出すことができるのかと感心してしまいました。

観戦している部員と、試合に出ている部員とは、考えていることに大きな違いがあることもわかりました。また試合に出場した選手たちが抱えていた不安や弱みなどの「本音」を聞き出すことで、「そんな思いで試合をやっていたのか」と、我々スタッフもよくわかりました。

特に印象的だったのは、選手たちが自分の言葉でしゃべっていたことです。そのとき初めて知ることだらけで、これは私には絶対できない技術だと思いましたね。私も布施先生のスポーツ心理学の講義を受けていましたし、ある程度はそれに基づいて選手とコミュニケーションがとれている自信はありましたが、それはあくまで自己流で、先生が目の前でやってくださったミーティングは、全くの別物でした。

逆にチームスタッフだったら、ここまで吐き出させるのは難しかったと思います。

それこそ、「なんだよ、それ」「そんなことを思って試合していたのか、そんな弱気でどうする！」と叱咤する感じになってしまう。そうしたら選手は、返事はするかもしれませんが、本質的なところで聞く耳をもたないですよね。

　このミーティングを通じて、結局私たちがこれまで行ってきた指導は一方的だったのかな、と思いました。選手たちはただ監督やコーチの話を聞くだけ。私たちは、過去の勝ってきたという経験則を彼らに語っていただけで、選手たちの能力があったからある程度のところまで行けた。

　しかし、それではダメだということに気づかされました。

「あぁ、負けた原因は、一方的な指導にあったのか」と。簡単に言うと負けるべくして負けたということです。我々指導陣も、もっとスポーツ心理学を学びたい、勉強したい、生徒のためにもなる、いいこと尽くめになるのです。すぐに布施先生にチームに入っていただけるようにお願いしました。

布施

このファーストミーティングで、藤原監督からは「好きにやってください」と言われました。ゲームに負けたわけだから、言っちゃいけないことや気を遣うところもありましたが、「それも全く気を遣わなくていいから」と。

あのミーティングは選手にとっても印象深いらしくて、そのときにいた選手とは、今でも会えば、必ずファーストミーティングの話をします。

選手が人事権をもつ監督に弱みを見せることはないんですよね。最初の段階では弱音は絶対に吐かない。だからこそ、監督ではない私のような立場の人間が選手たちの本音を引き出す必要があるのです。大変なことですが、自分が本当に感じたことや思ったこと、判断した場面などを吐けるようになれば一歩踏み出せます。

コラム

想いを「見える化」するミーティング法

実践1

徹底的に裏の話を掘り下げる

スポーツのチームで反省会や振り返りなどを行う場合、表に見える世界の話が多くなります。ラグビーなら、「あの場面はキックするべきじゃなかった」とか「あそこのパスの精度が低い」とか、まちがいなくそういった話になります。

でも本当に必要なのは、徹底的に裏の話をすることです。裏とは、プレーの裏側のことで、「なんであのときキックがうまくいかなかったのだろうか」「なぜパスが出せなかったのか」という失敗の裏側の話のことです。大事なことは全部そこに隠れています。そのためには、「自分の言葉（＝本当の気持ち）で話すこと」がもっとも重要になってきます。

ただ、急に本音を自分の言葉で話してくれと言われても、実際は話しにくいものですよね。たとえば、「今のあなたの仕事について思っていることを自分の言葉で語ってください」と言われて、すぐにうまく話せるでしょうか。

そこを、話しやすくするためのコツは、話すネタになる対象を作ることです。ここでいう対象は「試合」です。「試合」という対象があるわけだから、その試合の中でのことを、自分の言葉で話せばいいのです。

実践2
自分の世界観で話すことの必要性

外からの分析で試合の傾向を探ることはできますし、そういうことをしているチームは多いでしょう。しかし、実際には「自分たちの世界観（＝特に主張したい想い）」で話させることにしています。そこで僕（布施）がまず、その世界観をプロデュースします。

このとき（県大会で負けてから一週間後）は、試合に負けているわけですから、選手たちには強烈な世界観（＝想い）がありました。ただ、個人個人には想いがあるけれど、それをどう表現していいかわからないという状態です。

だから、まずは心理学的な視点から以下のようなことをしました。

①「人間はいろいろな考え方をする、考え方は人それぞれ、正解はひとつではない」ということを話し、選手たちの気持ちと頭をほぐしました。

②それぞれ隣の人と話をしてもらい、「ひとつの試合、プレーに対していろいろな考えがある、自由に考えていい」ということを体験してもらいました。

「どっちが正しいなんてないんだな」「それぞれがいろいろなことを自由に考えてしまうものだな」ということがわかったところで、

③「なぜそのとき、最善のプレーの選択ができなかったのか」ということにあらためて向き合いました。

そこで、「技術不足」と答える選手がいました。「単純に技術がないだけで負けた」と。もちろん、それもあるかもしれないし、そう答えてしまえば簡単で、「じゃあもっと練習しよう！」という結論で終わってしまいます。それでは何の解決にもなりません。

そこで、時間軸を変えて質問をしてみます。

④「技術不足だったのかもしれないけど、試合は先延ばしにできない。なぜそこであまりできない技術を使おうとしちゃったのかな？」と質問してみる。今までできなかったことが急に試合でできるわけがありませんから、なぜそれをしてしまったのか尋ねたのです。

⑤さらに「技術不足」をもっと掘り下げていくと、その「技術の選択の失敗」だったんじゃないか、というところに行きつきます。

こんな風に、その場でどんどん掘り下げて考えていくと、そのうち「底」にたどり着きます。その辺の説明を僕がズバズバ言っていくと、みんな「なるほど！」と、ストンと腑に落ちるのがはっきりとわかりました。

ここでの問題点が「なんでその選択をしちゃったんだろう」ということだと気がつくことが重要です。そこに気づいたところで、さらに選手たちに問いかけ、自分たちの言葉で話させます。「さあ、もう一度みんなで考えようよ！」とね。

実践3

追い詰められていく悪循環

確かにパフォーマンスが落ちてきて、自分のできる量は減ってきているのに、焦るとその量ばかりに目が行ってしまって、できないことに焦りだし、できないのにやろうとしてしまいます。

「そうなったとき、みんなどう？　自分のできる実際の量が少ない中で、キャパオーバーになるとどうなる？」

と聞いてみました。すると、

「ヤバイ！　これもやらなきゃ、あれもやらなきゃと焦る」

という意見が出てきました。

実はこれがよくある「試合中の大混乱」なんです。さらに、その大混乱が起こってしまったらどうなる？　と掘り下げていきました。大混乱の後は、もう何も考えられなくなっちゃって頭が真っ白な状態になってしまうよね、と。すると選手たちが、

「あるある」と首をブンブン振って(笑)、うなずいていました。

県予選決勝戦では、なぜそこまで気がつかずに行ってしまったのか。それはゲームメーカーであり、指揮をとるべき栗原由太選手が全く動けていなかったのです。

そこで、栗原選手に、

「そのとき(試合中)どうだったの?」

と聞きました。すると、

「まさにこんな状況(大混乱後、頭真っ白)でした」

と言い、自分の言葉で話し始めました。

「自分の技量はわかってはいたのですが、その技量をパフォーマンスっていう言葉に変えると、良いときと悪いときは確かにあります。僕は追い詰められてしまって、どんどん悪い状況になっていったのに、『とりかえさなきゃ』みたいな感じで、自分が一番調子の良いときにできるようなことを、調子が悪いにもかかわらずやりに行ってしまいました」

できないからこそ、頭の中がさらに「どうしよう、ヤバイ、できない」と真っ白になってしまって、それでも挽回しようとあせる状況に追い込まれてしまったようです。新キャプテンとなった齋藤直人選手は、試合中にも

「栗、何やってるんだよ、判断遅いよ！」

と声をかけていたそうですが、本人が大混乱しているときに否定形の指示はなかなか届かなくなってしまいます。

齋藤選手も、いつもと様子が違う栗原選手を見て「どうしちゃったんだろう」と思ったそうです。齋藤選手も栗原選手も二年生だから、その試合で高校ラグビーが終わりではなくて、あと一年あったので、徹底的に話し合うことが重要だと感じてもらいました。

一番みんなから信頼があって、一目置かれていた栗原選手の様子が変で、敗因のひとつとなってしまったことは事実でした。ここでの心理学的な仕掛けとしては、栗原選手のようなチームをひっぱる選手でも混乱することがあり、試合中どういう状況だったのか、ということを徹底的にみんなの前で話すことで、それは自分達にも起こりうることだと皆が思い始めました。

栗原選手の話に対して、齋藤選手が、

「あ、そうなってたんだ」

と言ったのです。おそらく、これをミーティングの最初に聞いたら「何やってんだよ！　だから負けたんだよ」と思ってしまっていたかもしれません。

しかし齋藤選手は続けて

「じゃあ、あのとき栗にどうしたら良かったのかなぁ。俺は気づいたこともあったらいろいろと言っていたつもりだったけれど、それは頭が真っ白になっていた栗には全然届いてなかったんだよな、どう伝えれば良かったのかな」

と考え始めました。

そこで僕が彼らに教えたのが、「最低目標・最高目標」の設定についてです（65ページで詳しく説明します）。負けた試合では、栗原選手は「最高のプレー」に目がいってしまった。自分のコンディションでは、最高ではなくて、最低目標を意識させてあげれば良かったのでは？　という話をしました。

そして栗原選手に、

「もう一度自分で振り返ってみて、そのとき意識が飛んでしまうほど頭が真っ白だったという感じもあったようだけれど、最低限、自分がやらなければならなかったことって、どんなことだろうね？」

と聞きました。すると、

「やっぱり相手をきちんと見るとか、シンプルでもいいから指示を出すとか、難しいことじゃなくてもいいから『前に出ろ』とか、そういうことを言ったりすればよかったかな。それならできたかも」

と答えました。

試合中は、齋藤選手もできると思っているから栗原選手に最高のことを求めるし、それをやってほしいと伝えるわけです。栗原選手も齋藤選手も最高のことだけを見ていた。

すると、中心選手もチームも相乗効果でお互いに撃沈していくわけです。その様子を見ている他の選手も当然不安になっていきます。「もう、やばくない？」と不安がどんどん募っていきます。

こんな風に、ファーストミーティングで試合について深く掘り下げて、すべて解剖していきました。「みんな、こうやってしゃべっていくとおもしろいでしょ？」と。その間、藤原監督は何も言いませんでした。そこで、藤原監督が何か言っていたら、選手たちの本音は出てこなかったかもしれません。

藤原監督自身もお話ししていますが、負けてしまった試合の一週間前のミーティングが良くなかったことは監督自身も気がついていました。でも、どうすればいいのか、方法がわからなかった。

「このままでは負ける」ということがわかっていたにもかかわらず、対策ができない、という不安やモヤモヤをずっと抱えていたようなのです。このファーストミーティングで方向性がパーンと見えて、視界が晴れたそうです。それは選手も同様だったんです。それで、僕とタッグを組もうと決意してくださったようです。

たった一回のミーティングで選手も監督やコーチも意識がガラッと変わるのがわかりました。みんな、こんなことを話したことがないですからね。それを僕がみんなの言葉を引き出していって、選手は自分の想いを話してしまったから、ビックリしたのもあるでしょうね。

心理学というフレームワークを使って、可視化、見える化しながら話したから、すごく具体的な話になりました。みんなが「やるべきはこういうことか」と、なんとなくわかった瞬間でした。それがファーストミーティングです。

第1章

ふつうの高校生を「最高のリーダー」にする育成法

第98回花園、準々決勝の小西キャプテン（朝日新聞社提供）

三年間の時間的制限がある中学校や高校の部活動は、毎年選手が入れ替わることになる。つまり毎年イチからチームを作り直す必要があるのだ。先輩から後輩へ継承される伝統や技がしっかりと存在し、それが勝ち続ける強豪校の強みでもある。だが、強いチームであり続けるためにはプレー以外の強みも必要になる。そのひとつが「リーダー」である。たとえば桐蔭学園出身者からは大学ラグビーのキャプテンが２０２１年には５人出ている。驚異的な数字である。個性豊かで全く違うタイプのキャプテンを毎年育て、かつそれ以外のメンバーを将来のキャプテンに育てている藤原監督のリーダー育成法とは。

タイプの違うリーダーを育てる

藤原

私がキャプテンや選手の能力を伸ばしているよりは、選手自らが能力を伸ばしていっていると感じています。とはいえ、私や周りのスタッフが、その子の良いところを見つけているのは事実だと思います。

たとえば、選手への声がけでは、あまりダメ出しはしません。「どういう選手になりたいのか?」「自分のセールスポイントは何か?」「それに対してどうしているのか?」などそういう話はするかもしれませんが、否定はしません。だからといって、誘導し過ぎないように心がけています。そのときの選手の表情や動きなどから感じられる肌感覚というのも大事にしているので、理想的に「こうなってほしい」

という気持ちはあっても、「こうであるべき」像は作らないようにしています。

桐蔭学園の選手が、大学のラグビー部に入り、キャプテンやリーダーになることが多くあります。一般的には、発言権が強い人がリーダーと勘違いされがちです。だから話すことに慣れている桐蔭学園の選手たちは、自分の意見を押し通すこともできると思います。でも、リーダーの役割は、発言力が強いことではありません。

うちの選手は、自分の役割をしっかり理解した上で「自分の中でゆっくり考えをまとめていって最後にこう言おう」「急に話を振られたときはこう言おう」「意見が偏っていたら反対の意見を言ってみよう」など、考えながら話し合いに参加しています。

彼らは高校時代のミーティングでこのように考えて話す経験をふんだんにしているので、周りの意見を聞いたり、まとめたりしたうえで、自分の発言するタイミングを図るのがとてもうまいのです。だから自然にリーダーになっていくのでしょうね。社会人でも、なかなかそこまで考えて毎回ミーティングに参加している人はいないのではないでしょうか。

布施

桐蔭学園というのは、型にはまったキャプテン像がありません。「キャプテンはこうでなければならない！」なんてことは、藤原監督も周りのスタッフの皆さんも一切言いません。

キャプテンには「キャプテン」という立場がある。「キャプテンとはこんな人物である」という人物像は、キャプテンとなった選手が、自分なりに決めていかなければならない。だからいろいろな意味で鍛えられます。

どの年代も全く別のタイプのキャプテンが育っていて、それぞれがきちんとチームをまとめているのがおもしろいところです。

たとえば、53期の小西泰聖選手と54期の伊藤大祐選手の代というのは、一年違うだけなのに、全く違うタイプのリーダーでした。

スクラムハーフというポジション柄もあるのかもしれないですが、小西選手は他人の意見をよく聞く民主的なリーダーという印象でした。ミーティングでも、一つひとつ、みんなの考えを丁寧に聞いていくスタイルです。自分でも言いたいことはあるのかもしれないけど、それを伝えるよりも、みんなの意見をじっくり聞き、それをまとめるタイプのリーダーです。

ただ、小西選手は、彼が日本代表だったため不在が多くありました。そこで僕は、藤原監督に「キャプテンがいないときに、他の選手がリーダーとして育ってくれるようにしたい」と話をしました。別の選手に「キャプテン一人のチームではないんだから、気を遣う必要はない。君は、どういうチームなら勝てると思う？　自分の言葉で、自分の考えをみんなに伝えてみたら」と声をかけたところ、キャプテンがいないときは、その代わりをする選手が出てきました。

一方で54期に全国優勝した代の伊藤選手は、全く違うタイプのリーダーでした。もともとはキャプテンをやりたくないと宣言しているような選手です。二年生のときからすばらしい選手ではあるものの、ミーティングではほとんど発言をしないという、口数が少ない選手でした。

藤原先生は、伊藤選手のことを「ラグビーに対してはものすごく真摯で、体力面も能力面も非常に高いし、理解力も高い生徒。仲間からの信頼も厚いから、キャプテンはやりたくなくても投票制になるとやらざるを得なくなり、そのときに覚悟が決まったのだと思う」と分析しています。

キャプテン就任後のミーティングでは、初めは苦労していました。そもそも口数は少ないタイプですからね。でもそこからの伊藤選手はすばらしかった。先輩や僕らに質問をぶつけつつ模索して徐々に自分のスタイルを見つけていくのです。

初めから自分ができないことを正直に選手たちにも話していました。なかなかキャプテンが自分から弱みを見せることは難しいと思います。でもそうできるのが桐蔭学園らしい特徴でもあります。

また、伊藤選手は自分らしい、この年の桐蔭らしいミーティングのやり方が探せずに苦労していましたが、最終的には「チームとしてテーマを持って試合をしよう」という話し合いをしていました。大きな仮説を持って、それに対してデータを集めてきて「この仮説、なんかちがうよね？」などと話す。うまく行くパターンとダメだった場合のパターン、リスクマネージメントを考えながらミーティングをしていました。

藤原監督は、この二人に限らず、歴代違うタイプのリーダーの性格を見抜き、その子にあった育成方法で育て上げています。

選手の性格によって僕たちの働きかけは変わります。まずは彼らが思い描く「リーダー像」の作り方を繰り返し話し合います。個人のオリジナルの性格はありますが、ここではリーダー像の役割性格、フレームワークを作るのです。「役割性格」とは、後に詳しく説明しますが、もともとの自分の性格はそのままに、与えられた役割の性格を演じる、ということです。「どういう自分なら、リーダーとして一番いいミーティングにできるか」などに沿って演じます。

たとえば人前で話すのが苦手なキャプテンなら、僕は、

「勝つチームにするには、自分はどうしたほうがいいと思う？」

と聞きます。するとキャプテンは、

「みんなの前で話せたほうがいいです」

となります。

「じゃあ、話してみようか」

ここから初めて、どんな話し方で伝えたらいいのかといったコミュニケーションスキルについて考えていきます。

また人前でも正論をガツンと話せるタイプのキャプテンの場合、最初に発言をさせるとすぐにミーティングが終わってしまいます。そんなときは
「今日は我慢しきれずに最初に言っちゃったね」

と問いかけます。

「僕が話すと、そうだよね、と言われてつまらないです」

「じゃ、どうしよう？」

僕が答えを出すのではなく、あくまでもリーダー本人に現状を伝え、問いかけます。答えを考え導くのはキャプテン。そこからまた役割性格を照らしながらミーティングの方法を模索するのです。

誰にでも、リーダーの素質はある

藤原

すべてのことに共通している重要な部分として、「自分のことを知る」という作業がありますが、そのために心理テストをベースにしたワークショップを行っています。これは私が選手たちに、何か特別にやらせているということではないかもしれません。ただ布施先生のミーティングを通して、常に「自分にはどんなことができるのか」というのは考えさせているので、それは選手にとっていい刺激になっていると思います。

布施

桐蔭学園は毎年、花園が終わった後、三年生にインタビューをしています。先ほど話にでてきた民主的なキャプテン小西選手は、その中で「自分の調子が悪くても試合は続くし、自分のプレーがやばいとか、できなかったと言っていられないんです。すぐに次の試合のミーティングもあるから、自分が『キャプテンとして』やりたいと思うことを達成するために、ちゃんと役割性格を演じることを徹底した」と話していました。小西選手が「チームが勝つためのあるべきキャプテン像」を演じきったということです。

ここでまず大事なのは、藤原先生も言っていますが、「自分を知る」ことです。そのために心理テストをやったりすることもありますが、まずは、自分を成熟させる、わかる度合いを増やしていきます。そして、そのわかったことをしっかり生かすために、演じる役割を決めます。

演じる役割がアバウトだと、結局シナリオを持っていない学芸会の小学生みたいになってしまいます。そのシナリオを試合ごとに作っていかなければなりません。

でも最初は、当然ですが自分のことも、演じることも見えないのです。それが準備の段階から徹底的に話し合いをして、ミーティングをやっていくうちに、だんだん明確になってきて、傍から見ていても「あぁ変わってきたな」「きちんとシナリオを作って、自分の演じることを理解しているな」というのがわかってきます。

実際のところ、いつも新チームになる頃には「今年はやばいね」なんて話をしています(笑)。大げさではなく、「本当にリーダーが出てくるかな」と不安になります。しかし、一年ごとに選手は変わっていくのに、毎年リーダーが一人ならずも生まれ、チームは進化している。それが桐蔭学園のおもしろいところだと思います。

目標を二つ設定する「ダブルゴール」

藤原

キャプテンや選手たちに対して、私から直接言葉にして伝えることは多くはありませんが、「すこし物事を整理してみよう」という話はします。たとえば、いろいろな能力や性格の部員がいる中で、「自分が成長するときの物差しは、チーム全体の大きな目標だけではしんどいかもしれないね」などです。

チームや個人が「大きな目標（最高目標）」を設定する前に、まずはクリアできるような「小さな目標（最低目標）」を示してあげる。どうすれば大きな目標を達成できるのか、その内容を考えられるように仕向けてあげる。そうすると、具体的に自分は何をすればいいのかが見えてきます。

それでもどうしていいか迷っている選手がいたら、まず私からキャプテンに、その選手へのアドバイスを伝えます。そして、キャプテンからその選手にアドバイスするようにしています。監督から選手ではなくて、キャプテンから選手、というように、あくまで選手同士で話をしてもらうようにしています。

今では普通に使っている「最低目標・最高目標」は、昔はありませんでした。布施先生のセッションを受けてみて、すこしがんばれば達成できる小さな目標（最低目標）と、試合に勝つなどの大きな目標（最高目標）の二つの目標を作るという考え方は素晴らしいなと思いました。こういうことをやっていくと、選手も成長していくだろうな、と想像がつきました。

また、試合中に最低目標・最高目標のようなダブルゴールも設定できるようになったので目標を「立ち返る場所」として使えるようになりました。チームとして立ち返る場所は、桐蔭学園の伝統である「継続」（＝パスをつなげる、プレーをつなげる）と考えていましたが、個人レベルでの立ち返る場所の設定はありませんでした。

実践してみると、試合中や練習中に個人レベルで「最低目標」という立ち返る場所ができたのが良かったことに気がつきました。選手たちは「最低目標」に対して、「自分は今日何をすべきなのか」「何が良くて何が悪いのか」をしっかり考えて行動できるようになったのです。

うまく最低目標をクリアできていれば、ステップアップしてその先の最高目標が立ち返る場所になります。さらに言うと、最高目標は、その場面場面で変えていけるので、常に最良の目標をもって試合ができるようになっていきます。

たとえば今日の最高目標が「ビックタックルを一発する」という場合、実際にビックタックルがすぐに一発決まってしまうときもあります。試合序盤で最高目標が達成された場合に、想定していたことと違うことを次のテーマとして見つけ出せたら、どんどん成長していきます。

常に最良の目標を設定し続けることができたら、怖い選手になりますよ。テレビゲームなどでステージをクリアして、また次のステージに上がっていくのと同じです。

でも基本的には、試合中は最低目標を徹底する。最高目標までいけなかったら最低目標に立ち返ればいいわけです。そこの順序をしっかり踏むということの重要性は、選手たちの中で理解できていると思います。当然１００％ではないですが、そういう選手が多くなったことは事実です。自分のコントロールできることだけに力を入れるようになっています。

最初は最高目標・最低目標を作るのが相当難しかったですよ。今でもできない生徒はできないし、とんでもないことを言う子もいますからね(笑)。

でも、そういうときには、誰かが「それ〝最低〟じゃないだろ」「それまずいんじゃないの」と指摘するようになってきています。とんでもないことを言ってしまう子が悪いということではなくて、選手によって、理解が早い子もいれば、遅い子もいるという話です。周りがいくら言っても、自ら理解することが大事だという感覚を覚える必要があります。

布施

藤原監督が話しているのは、スポーツ心理学的に言うと、「ダブルゴール」という考え方です。その名のとおり、ゴールを二つ設定する方法で、「最高目標・最低目標」または「大きな目標・小さな目標」という感じで使っています。

「最高目標」は本当に理想とする目標で、「最低目標」は自分の体調が悪くても機嫌が悪くても間違いなくできるであろうことを必ず着実にやる目標です。ほとんどの人は、最高目標しか作らないですよね。ダブルゴールは、桐蔭の選手たちには、今では浸透した当たり前の考え方になっています。

目標設定に大事なのは、まず自分を知ること。それには、自分の気持ちを言語化することが必要になります。そのために徹底してミーディングを行いました。僕がいるときはもちろんですが、藤原監督をはじめスタッフの方々もそれを実践して、ファーストミーティングのときのように、自分の言葉で話させるトレーニングをしました。

最低目標は常にチームで共有されるようになっています。その積み重ねが最高目標をクリアすることにつながるのですが、そのときは選手たちが充実してくるのです。バランスよくできている充実感がもてると、今度はパフォーマンスが上がってきます。そうすると難しいこともできるようになってきます。みんな試合中に実験して、それがわかっているので続けられるんですよね。

　仕事をするときも同じですよね。調子が悪いときに、いきなり難しい仕事をやっても進まないから、単純な作業からやっているとだんだん乗ってきて、難しい仕事もできるようになりますよね。

　入学当初はトンチンカンな目標設定をしてしまっていた選手が、「最低目標・最高目標」を理解したのは、結局三年生の花園になったあたりということもありました。花園でもまだ最低目標の設定がうまくいかなくて。でも試合から学んで、本当にいつでもできそうなこと＝最低目標にやっと辿りついていました。おもしろいのは、そういう選手が、あたかも自分が大発見したみたいに「最高・最低目標」について語り出すんです。スタッフの皆さんからすると、「それをいつも言っていたんだけどね」と笑ってしまうのですが、そんな風に人に説明できるということは、本当の意味で理解したことなので、大成功です。

また藤原先生は、最低目標がクリアできた場合、最高目標にシフトしていくこと、さらに「最高目標をどんどん変えていける」と言っていますが、実はとても難しいことなのです。プロ選手やトップ選手なら上手な選手もいますが、瞬時にその場の流れや自分の調子を判断して、目標を切り替えるのは本当に難しいことです。桐蔭学園で活躍している選手は、それが上手にできていて素晴らしいです。

獲得型（A型）と防御型（B型）の戦い方

藤原

「ミスをしない」ということだけにフォーカスすると、保守的な考え方になってしまいます。選手のプレー、気持ち、試合の流れには波がありますが、良くなったり悪くなったりと、ふり幅が大きいのは良くありません。「最低目標・最高目標」や「自分に何ができて何ができないか」を明確にしておけば、「ミスしたくない」という消極的な考えがなくなり、流れの波が平坦になってきます。見ているほうとしたら、安心できます。

迷っている選手はプレーを見ればすぐにわかるので、そういう場合は、

「シンプルに考えてみよう。自分がやりたいことは何なの？」

と声をかけるようにしています。あとは、他の選手と目標が共有できていれば、「君は、今日はこうだろ」と指摘してあげられる。チームの最低・最高目標に加え、個人の最低・最高目標を全員が共有しておいたほうが安全です。

布施

桐蔭ではＡ型、Ｂ型という話をよくしています。Ａ型は「勝つためにプレーする・どうすれば勝てるのかを考える」獲得型のことで、試合中に呼びやすいようにＡ型と名づけました。同様にＢ型は「負けないためにプレーする・ミスをしないようにするにはどうすればいいかを考える」防御型という意味で使っています。

Ａ型（獲得型）は、チャレンジングな姿勢で、何か勝つためにできることがあったら、どんどんやりに行く。すると結局意思決定が速いんですね。それまで練習したことが、自動的に全て意思決定にそのまま出てくるので、速くなって、チャンスをものにできるのです。

Ｂ型（防御型）では、慎重に、ミスしないようにと思っていると結局意思決定が意識的で遅くなるので、運動動作が悪くなってきてしまいます。調子が悪いときこそ、最低目標をきちんと意識していかなければならないのに、それを忘れてしまうことがあります。

特にベンチスタートであるリザーブの選手はＢ型になりやすいんですね。試合の途中で出場することになるためです。しかし、桐蔭の選手は試合でＡ型でプレーすることの違いを経験しているので、リザーブの選手もＡ型でプレーすることの大切さを理解しているんです。

他校の監督に「桐蔭のリザーブは出てくるなり元気だから面倒だ」とよく言われますが、それは選手がいっぱいいるという理由ではなく、実はＡ型でいることがいいとみんなが知っているからなのです。

頭の中で考えていると、キャパシティーには限度があるからどうやって整理をすればいいか混乱してしまいます。選手には「捨てる」という感覚があまりないから、情報量が多過ぎてやるべきことを見失ってしまうのです。

藤原監督は「できないことをやっても仕方がない」とよく言っています。理想はあったとしても、試合中に実際にできないのだから、無理にそれをやろうとしなくてもいい、と。

たとえば「できなくてもやれ！」という監督がいたら、選手は自分では「できない」とわかっていたとしても、捨てるのが許されない。捨てるのが許されないけど、できない。その不安やあせり、どうしようと考える余計な思考が増え、とにかく「ミスをしないように」ということで頭がいっぱいになってしまうのです。

桐蔭の選手の場合は、「そこは無理だからもう捨てちゃおう！」という話がふつうに出てきます。たとえば、タックルで「一歩目はちゃんと真っすぐ出る」ことしか今はできそうもない、となったらとにかくそこを一生懸命に徹底的にやります。

最低限すべきことを自分の中でコントロールできている選手は、こちらから見ていても安心できます。最高のプレーはできないかもしれないけど、安心できるプレーはできる。その判断ができない選手は、試合中に崩れてしまうことも多いです。

仮説を繰り返し作る「仮説↓実行↓検証」

藤原

選抜大会で優勝したとか、サニックス（海外試合）で強豪国に勝ったとか、自分たちで「仮説」を作って結果が出たときに、選手のレベルがグンと上がるという感覚があります。試合に行ったメンバー30人と行かなかったメンバーでは、雲泥の差がついてしまうほどです。試合を経験しているわけだから、当たり前なのでしょうけれど、こういう場面で、キャプテンの存在もグッと大きくなるのかもしれません。

緊張感が高い試合でも仮説をしっかり立てていきます。それが良くも悪くも、チャレンジしたひとつの結果として出るので、そのときにチームとしても個人としても、成長することが多いと感じています。

もちろん、スタッフ側でも相手校の分析はしていますが、基本的には選手がやるのが桐蔭学園の大きな特徴だと思っています。「どういうところが強みなのか、弱みなのか、チームの特徴は？」など、一生懸命データを集めています。仮説を立て、それを試合で実行する。そしてその結果を検証していくことで、また次の試合に仮説を作るというように繰り返し作ることも強さにつながるように感じています。

ただ、彼らが立てる仮説について「方向性がちょっと違うな」と感じたときは「本当にそれで大丈夫なのか？」という話はしています。このデータは本当に合っているかどうか、疑いはもう一回かけたほうがいいんじゃないかと伝えます。

また、ポイントを押さえられているか聞くときは、彼らにどのくらいの覚悟があるのかということを確認する作業とも言えます。ひとりだけわかっていても仕方ないし、全ての選手が認識していないと意味がありません。だから、なぜそうなったのか、と聞くときはとことん聞いていきます。

布施

監督から「ああやれ、こうやれ」と言われてしまうとなかなか仮説は立てられません。仮説は監督が作ってくれて、それを選手が実行する部隊のようになってしまってはダメなのです。

藤原監督の言う「レベルがグンと上がるとき」というのは、きちんと選手たちの間で仮説が立てられているときです。桐蔭の場合は、試合中に監督やスタッフは、めったに指示を出しません。だから自分たちで「あれ、おかしいな」と思ったら、変えていかなければならないし、それをできるところが選手たち自身も強みだと思っています。

でもこの仮説を作るのが一番苦しい。これができるということは、状況判断能力に長けているということでもあるのです。ミーティングの際に、選手たちが立てた仮説のポイントがズレていたら、藤原監督は、いつでも必ず「そういう戦略にしたのはなぜなんだ」とか「こうなったら次はどうするんだ」と理由を尋ねています。そのときに選手が「そうなったらこうなるはずだからこうです」と、どんどん答えられれば、リスクマネージメントができている確認ができます。答えにつまってしまったら、そこに改善の余地がある、ということです。

仮説・実行・検証を繰り返ししているからこそ試合の対応力が身についているのだと思います。

コラム

「最低目標・最高目標」を実践するコツ

実践

最低目標は「十回やって十回できること」

本文中にあるように、僕（布施）が指導を始めた当初から話していることに「ダブルゴール」「最低目標・最高目標」というものがあります。僕が関わり始めたころはよくこの作業をしていました。これは実際に作ってみると意外に難しいのです。特に難しいのは最低目標を作ることです。

最高目標は「試合に勝つ」というような大きな目標だからわかりやすいのですが、最低と言うのは十回やって十回当たり前にできること。そこに無理があったら成り立ちません。

最低目標は、試合中に調子が悪かったり、不利になったり、ちょっとプレーがブレているな、というときに「立ち返る場所」になります。どんな状況だとしても、そこに戻ってくることで立て直すことができるのです。

試合に向けて、それぞれに「最低目標・最高目標」を作らせると、試合で活躍している選手はすぐに作れますが、そうではない選手はなかなか作れない、というか理解できない場合が多いのです。そういうときは、ちゃんと理解している選手が、うまく作れない選手に家庭教師のように、練習やミーティング以外の時間にみっちり教えてあげている光景をよく見かけます。そうやって、先生役を買って出る選手の多くは、のちに日本代表クラスの選手になっています。現在も、三年生が一年生にその概念を教えています。

今どきの高校の部活は、合宿や遠征などで二人部屋で宿泊する少人数の部屋割が多いのです。でも、桐蔭学園はなるべくそういう合宿所を選ばない。コロナ禍以前は、昔の修学旅行みたいに大勢の雑魚寝スタイルにこだわっていました。そうすれば、改まった場面でなくても、ちょこちょこ相談や話ができますよね。

雑魚寝を嫌がらないのかな、なんて思っていましたが、全然嫌がりません。ホテルしかない場合は、あらかじめみんなが集まれるように宴会場などを貸し切ります。最高目標・最低目標の考え方のコツとしては、自分の今日の調子、パフォーマンスが正確に見えているかというところが大事です。あとは自分のプレーを言語化できているかどうか。

目標と実際の調子を鑑みて、ちょうどいいバランスのところでプレーできることが重要です。たとえば自分のパフォーマンスに対して、目標が低過ぎると思い描く理想がはっきりとせず動きが悪くなる、高すぎると目標をクリアしようとするあまり、逆に保守的でミスしたくないという気持ちが前面にでるような試合になってしまうのです。

第2章

桐蔭学園流ミーティング7つのコツ

第 99 回花園、伊藤キャプテンの突破（朝日新聞社提供）

優勝した花園大会では、６時間ものミーティングを行ったという桐蔭学園。ダラダラと長く無意味な部活のミーティングや会社の会議と異なり、長時間のミーティングをするのには理由がある。「何をそんなに話すの？」と疑問に思っている人でも「だから桐蔭は強いのか」と納得してしまう。そんな質の高いミーティングを実践するための「７つのコツ」を紹介する。

①問題点をはっきりさせる

藤原

ミーティングはどちらかというと、ワンウェイになりがちです。特に高校の部活は、監督から選手への一方的なミーティングが多いのではないかと思います。

最近はよく「生徒主導」と言われていますが、はたして本当に生徒主導なのか。どうしても監督やコーチ、指導者たちが生徒を誘導してしまうように感じます。運動部を経験したことがあれば、身に覚えがある人も少なくないのではないでしょうか。

私たちも布施先生にチームに加わっていただく前は、明確なミーティングの方法がなかったのが事実です。先生に来ていただいてからずいぶん変わりました。

具体的に変わったのは、「問題点は何なのかをはっきりさせる」ようにしたこと。ミーティングをする目的の設定ですね。当たり前のことと感じられるかもしれませんが、これが意外に難しい。ミーティングをただ開くのと、きちんと目的をもって行うのでは全く内容が変わってきます。このミーティングはどのような目的でやっているのかを、チーム全員が正確に理解しておく必要がある。一方的に監督が話しているのを、真剣な面持ち風で(笑)聞いていても何の意味もありませんから。

目的を決めてミーティングをするときは、チーム内での役割も重要です。キャプテンは必ず発言しなければならないし、試合によく出るメンバーは、出ないメンバーよりも発言する機会が増えます。経験値もあるので、試合に出ているメンバーの発言力は強くなる可能性が高いです。

そういうときに、リーダーシップを発揮してミーティングを円滑に進めていくのが、キャプテンの役割です。ただ「お前がキャプテンなんだからやってくれ」と言ったところで、急にできるわけはありません。だからミーティングの前に、私と打ち合わせをします。キャプテンからは「こういうミーティングをしてみたいです」と提案があるので、その内容を一緒に精査して、「まぁ悪くないな」というところでやらせています。

または、ミーティングの前に、キャプテン以下、各ポジションのリーダーグループで、「何を目的にするのか」「何をテーマにするのか」をしっかり詰めています。その場に行って何をしようかではなく、事前に準備しておかなければ急にはできませんから、準備をしていないことの危機感を覚えるようになったと思います。

事前準備をきちんとしたミーティングというのは、内容が全然違います。そういう意識を当たり前にもてるようになったのは、布施先生が入ってくれたことがとても大きいです。

布施先生のセッションで学んだことを使いながら、成長させていくというのが事実でしょうし、やはり実践しなければ本当の意味で身にはつきませんから、選手たちへの影響力は大きいですね。

布施

一般的には、ミーティングのテーマと言うのは、監督が決めると思うのですが、桐蔭では選手たちが決めます。選手たちが決めるミーティングを続けたことで、今では、当たり前になっていると感じます。テーマを決める時間を与えられて「さぁどうする?」と問われているような感じなので、キャプテンはじっくり考える必要があります。

②知ったかぶりの評論家にならない

藤原

他人から褒められるような言い回しや格好つけた言葉は、一般的に「立派なことが話せてすごい」と言われがちですが、もっと大切なのは、自分の考えを自分の言葉で話せるということ。評論家のようになってしまうと、本質がごっそり抜けてしまいます。

たとえば、全国の高校代表が集まってチームを組むようなときは、うちの選手たちは、他の高校の選手たちをよく分析しています。

ひとつの事柄についてすごく掘り下げて考えるから、まずは周りの話をよく聞くのです。それを理解してから、他の選手の発言に対して質問をしていきます。すると、徐々に相手が答えられなくなってしまいます。なぜなら、ひとつの物事に対して、うちの選手ほど掘り下げたことがないから、答えに詰まってしまうのです。うちの選手たちはそれを日々やっているので、物事に対する考え方が根本から違っているのかもしれません。

ミーティングでは、このように、周りのことをよく見て、観察し、さらに自分の想いを言葉に出して伝え合うことが重要です。そうすることで、選手同士が共通認識をもつことにつながります。みんなで共通認識をもっておくと、思わぬ自分の強みに気が付くことがあります。自分で思っている強みと、他人が思っている強みは、もしかしたら違うかもしれませんから。自分の想いを口に出して話す、想いを共有することで、そういった新しい発見があります。

これは、もちろん初めからできたわけではありません。試合や練習で、トライ&エラーを繰り返して、成功体験・失敗体験をしていく中で、だんだんとそういうことができるようになっていくのだと思います。

布施

僕たちが見ているのは、桐蔭学園の選手が話している言葉そのものよりも、その先の「言いたいことがどれだけ相手に伝わっているか」ということです。違った思考をもっている人たちに伝わる言葉で話すのはとても難しい。

藤原監督が言うように、一般的に「あの人すごいですね」と言われるのは、評論家みたいに一般論のなかで話している場合が多いのですが、そういう選手を見ると、「なんだか危ないな」と感じてしまいます。

桐蔭学園の選手は、何度となくミーティングをしていますから、他人にどうすれば想いが伝わるか、というのを繰り返し訓練していることになります。

③自分の居場所を作るための「散歩ミーティング」

藤原

宿泊が伴うときは、朝に散歩をするのですが、そのときに二人一組になっておしゃべりしながら歩いたりします。フォワードとバックス二人ずつくらい。ラグビーの話でも、最近あったおもしろい話でもどんな話でもいいので、会話するようにしています。

最後にみんなで話す場面も作るのですが、うわべだけの話をした選手がいたら、必ず突っ込みが入ります。「それってどういうことなの?」「それ最高目標・最低目標が合ってないんじゃないの」なんて結構容赦ない(笑)。グラウンドやミーティング以外に、朝の散歩の時間でもそういったコミュニケーションをとるようにしています。

だからここでもそれなりの準備をしておかないと話せないのです。「こうやって話を始めたら、きっとこういう突っ込みが入るから、それにはどう返そう?」という具合です。そこで、想定していないところから、突っ込みが入ると止まってしまうわけです。そういうときは「今の場面って試合中と一緒だよね」という話になります。

本当のミーティングではやはり緊張感が高まってしまうから、散歩の時間を利用することで、わりとリラックスした状態で話をすることができます。ラフな感じがいいのです。

選手は、私が指定するわけではなくて、自分で前に出て話します。だから出てこなかったら発言できないのです。下手したら一年生は名前を覚えてもらえない。アピールしたいのだったら、どんどん出てくればいい。学年は関係なく、チャンスをもらいたい選手は、パッと出てきます。

話すことが苦手だとしても、それはもう頑張るだけです。失敗してしまっても、トライすることが大事です。正解なんてないので、何を言っても構わない。最初は失敗大歓迎！　という雰囲気を作っていくというのも三年生の役目かもしれません。そうすることで、全員が自分の居場所を作っていけるのだと思っています。

布施

試合中でもミーティングでもいろいろな所で、高校生ながらラグビー人生をかけたサバイバルをしなきゃいけないから、ちょっとしたことでもいいから、話すきっかけをつかまなければならない場面がたくさん訪れます。そのきっかけを見つける方法として、藤原監督が実施している散歩ミーティングは良い方法です。

④考えることを「悪」にしない

藤原

以前、卒業生から「自分の考えを発信する機会が減りました」と言われたことがありました。これは、あまりいいことではないように思います。選手としたら、言われたことをそのままやっていく方がラクです。しかし、「考えることが悪」になってはいけません。桐蔭でも入学当初は意見を言わない、もしくは言えない選手が多いですが、自分で考え検証して、意見をかわせるように育てようと思っています。つまり、一方的な指導というか、言われたことをこなすことが良いとされる考え方です。

なかには思ったことをどんどん話してしまう選手もいます。最初は、周りには理解されないことも多いのだと思います。足並みをそろえずに、自分の意見を言っているように捉えられてしまうと、発言しなくなってしまいます。黙っているほうがラクですから。「ただ聞いてりゃいいや」という習慣がついてしまうわけです。

そういうときは、「今度は議論しやすい環境を作る側にまわりなさい。クラブの中で議論できるように一目置かれる人物になるためには普段から人一倍練習に取り組む姿勢も大事だ、チームのみんなを光らせるようにするのを目指す段階にいるんだよ」と伝えます。

布施

ラグビーに限りませんが、チーム内で意見をたたかわせるようになるには、一つ壁を乗り越えなければなりません。高校のときの調子で、自由に意見を述べると周りの選手にびっくりされることもあるでしょう。言ったほうも周りが引いているのを感じてびっくりしてしまう。

ただ、こういうことが起こるのは想定内で、そこでもう一段階成長して考えなければならないことがあります。高校生のときは監督やコーチという、ある意味でのプロデューサーがいる中で自由にやっていくことができました。でも、今は自分でセルフプロデュースしなくてはいけない。むしろプロデューサー側にまわり、チームメイトを導く必要があります。高校で終わりではなくて高校時代の土台を使えるようになっていくのが重要なんだと思います。そうすると、また大学・社会人でも突き抜けることができます。

卒業生が口をそろえて言うのは「違うチームの人と会って初めて桐蔭のミーティングは他校とは違うと知った」ということです。

⑤ルーティンをあえて崩す

藤原

花園で全国優勝した54期の２０１９年選抜大会中（3～4月開催）、意図的にミーティングの内容を変えたことがありました。そのときは、義務的にミーティングをやっていたので、「こういうミーティングは良くないな」と感じてのことです。その前の試合内容もあまり良くなかったので、どこかで変えたいと考えていました。54期のメンバーのミーティングは、前年度の先輩たちが完成させたミーティングの真似です。53期のメンバーが全国大会で行ったミーティングは、かなり完成度の高いものでした。実際に、戦力的にも本当にバランスが取れていました。一番大きいのは、発言力がある選手が非常に多かったこと。おそらく歴代チームの中でも頭一つ抜けていた気がします。

先輩たちが卒業してからも、その流れのまま同じようなミーティングをやった結果、新人大会や関東新人大会では勝てたので、当然選抜大会もそのままやっていました。ところが、だんだん54期特有の課題が見えてきました。今までのミーティングは何が良くて、何が悪かったか精査する必要があるんじゃないか、自分たちに必要なものは何なのかを、改めて考える必要があると感じ始めていました。

変化することは怖い部分もあり、大変な労力が必要です。今まで通りやればラクなのです。先輩たちが作ったルーティンが決まっているので、それをなぞればいいだけですから。だけど、それを崩して自分たちの代のやり方を見つけ出すことが非常に大切なのです。大会期間中ですから、普通ならそういった変化は嫌うのですが、ここで軌道修正できたことは、ベストなタイミングだったと感じています。

スムーズなミーティングというのは、良いように思えますが、何も考えなくなっている場合が多いのです。そうなると、試合中に「この形は良くない、次どうする」

という場面で、その「どうする」が出てこない。ひとつの考えしかもたないチームは結局それで負けてしまいます。そういうチームは作りたくなかったのですが、どうやらそのときは、その方向に行きかけていました。

それで、ミーティングをガラッと変えたのです。すると、そのミーティングの勢いのまま、試合でも流れがガラッと変わりました。気持ちも入ったし、結果、試合には圧勝しました。

具体的に変えるために何を言ったかというと、

「今まで通りのルーティンを一回壊してみよう」

というものです。良いものは残しても構わないし、自分たちで少し考えたほうがいいんじゃないかという話をしました。一度まっさらにしていいよ、と。

私の感覚的なものかもしれませんが、そのタイミングでミーティングを見直すことで、この先もっとチャレンジできるチームになると考えました。さすがに、ミーティングをその場でガラッと変えたので、キャプテンはちょっと焦っていましたね（笑）。

実際は、そのままでも勝っていたかもしれない。ただ求めるものは、そこ（勝ち負け）だけではありませんでした。どこかで混乱して悩んだり、苦しいミーティングの場面というのを年に一回か二回は作っていかなければならないのです。それを乗り越えないと、弱い部分が試合本番に出てしまって、負け試合になってしまいます。私が途中でとめなければ、ミーティングも試合もさらっと流れてしまったと思います。結果的に試合に勝ったとしても、また同じようなことになるのは目に見えていたので、大会期間中にやるにはチャレンジングでした。

また、２０１８年の53期にもそういったことがありました。

花園の準々決勝で天理高校に当たったときです。そのときは、正直一番やりたくない相手でした。天理高校は、一本の柱がしっかりある強いチームです。簡単に勝てる相手ではありません。ましてや全国大会ではうちにずっと負けているという事実もありますし、どうしても桐蔭の壁を越えなきゃいけないという強い意志がありました。それがひしひしと伝わってきました。

その試合前のミーティングは一時間かからない短いものでした。二回戦、三回戦では、強豪チームとやってきて疲れているし、うちの選手たちもちょっと一息つきたいという気持ちがあったと思います。

そのミーティングで、選手たちは「フォワードは勝てるだろう」という仮説を作ったのです。でも私はその逆で、フォワードはやられるだろうと思いました。今までで一番危ないミーティングをしていたので、

「もう一回やり直したほうがいいんじゃないか」

と言ったんです。そこから一時間半か二時間くらいミーティングをやり直しました。

ミーティングのやり直しはしましたが、実際に試合もしんどかった。ゲームが始まって開始5分と10分で二つ決められましたから。

ボールに触れられなかったので、これはもう悪い流れにハマっちゃったかな……と感じていました。ただ、結局やり直したミーティングで「悪いパターン」も想定していたので、蹴るのをやめてボールを持つ戦略に変えたら突破口が見えた。そこ

から少しずつシーソーゲームになって最後は突き放して勝つことができました。

私は、普段選手たちのミーティングにほとんど口をはさみません。割って入るときや、繰り返し言うときは、「悪い状態だから言うんだよ、良かったら言わないよ」と話をしているので、「これは相当やばいぞ」と、感じ取ってくれたかもしれません。

布施

どうしても最初は、前の代のミーティングを引きずってしまいますから、形式的なミーティングになります。54期の伊藤選手も、やはり53期の小西選手の残像が消せずに、前のミーティングを引きずっていました。それが選抜大会のときに顕著になってしまって、僕も「こんなミーティングなら、やる意味ないよ」とはっきり言いました。

結果的にこちらから言いましたが、ミーティングの質が悪いというのはみんな気づいていたようです。すると、選手たちから「花園のような熱がないから、気持ちが入らないのかもしれない」という意見が出てきました。もちろん、花園の期間中は特別なので、その気持ちもわかりますが、どんな大会でも気持ちを入れるにはどうすればいいのか。選手たちの沈んだ雰囲気を打開するために、僕がしたことは、少人数にグループ分けしたミーティングをすることでした。

小グループ内を三つに分けて、グー、チョキ、パーをしてそれぞれに役割を持たせたのです。グーの人はとにかくどんどん提案する、チョキの人は徹底的に反対意見を述べる、パーの人はうまく話が進むように司会をしながら最終結論を出す。

こうすると、それぞれが明確な役割をもつので話しやすくなります。キャプテンが役割を演じたという話の中に出てきた「役割性格」です。これがものすごく盛り上がって、ミーティングが非常に良い感じで進み始めました。

藤原監督は、ミーティング中にほとんど発言しませんが、この二つのミーティングのときは割って入っていました。どちらも前日の監督の「待った」がなければ危なかったと思います。

歴代のキャプテンが、

「藤原監督から、ほとんどああしろ、こうしろとか言われたことはないんです。あれじゃなきゃダメとか、こうやって動けとかほぼ言われたことがない」

と言っていました。しかし監督からはヒントが出ていて「多分、こういうことなんだろうな」と、自分で試してみる。その結果が良かったり悪かったりするけれど、結局は自分で何かを始めないと何も始まらないということを痛感したと彼らは言っていました。

つまり、藤原監督がご自身でも語っていますが、割って入ったということはよっぽどのことがあったということ。選手たちもそう感じたと思います。そういったメリハリがあるので、選手たちもこれは相当まずい状態だ、とハッとしたはずです。

桐蔭の歴代キャプテンたちの「感じ取る能力」は相当高いと思います。どのキャプテンも「藤原監督は『あれをやれ、これをやれ』と指示しないから、自分たちでちゃんと考えないといけない」とわかっているし、それが身についています。

⑥相手の分析も徹底的に選手主導

藤原

対戦相手ごとに分析して対策を打つのは当たり前の戦略です。この分析も選手たちにやってもらいます。もちろん、我々スタッフも分析はします。でも、その結果を先に選手たちに伝えてしまうと、考える余地がなくなり、「それで決まりだ」と感じてしまいますよね。

あくまでも私たちが示す分析データは、実際に対戦する相手の前の試合のデータに過ぎないのです。だから、当然うちとやるときは違ってくるわけです。だからそのデータを鵜呑みにするのが一番怖い。こういう傾向があるというのはつかめるけれど、それがすべてではない。だから、実際のところはどうなのかを選手たちで情報収集したほうがいいのです。

何より、自分たちで分析したほうが、試合中に相手のことがよく見えます。「多分次はこうしたプレーが来る」「立ち位置やポジションが変わっている」「点差によってどう動くか想像できる」などです。私やコーチ陣から与えられたワンウェイの情報だとこうはなりません。

そういう意味では、54期の伊藤選手は、分析力が長けていましたね。彼はきちんと分析し、その内容を理解して、結論を出していました。でも、キャプテンが結論づけて話し過ぎてしまうと、それがイコール決定になってしまうから、花園でもなかなか結論を話しませんでした。

準々決勝の大阪桐蔭戦のときには最後にちらっと「俺はコンタクトでも勝てると思う。みんなは負けると思っているかもしれないけど。俺はフォワードコンタクトでも勝てると思う」という強い言葉で主張していました。大事なところで、みんなの方向性を示すような意見を効果的に伝えていたと思います。

布施

伊藤選手は、まめに相談しに来ていました。「自分の意見が通っちゃうから、キャプテンとして、まずはみんなをマネージメントする役割を全うしなくてはいけない。ミーティングの方向性が違うと感じるときは、最後の何十分間かで、ちゃんとキャプテンとしての発言をする。違っているかもしれないけれど、僕はこう考えているんだと伝えたい」と。それでいいかどうか、確認もあって僕に話したのだと思います。

自分の意見は最後に言うことで、チーム全体が話の流れをきちんと理解するように仕向けていたのでしょう。チームで共通認識をもつために、キャプテンの自分がどのタイミングで発言したらいいのかをしっかり心得ていました。

⑦試合期こそミーティングを増やす

藤原

時期にもよりますが、うちは最低でも月に一回は必ずミーティングを入れています。試合期になると、逆にミーティングなんてしているヒマはないという監督もいると思うのですが、そういう時期こそ、自分たちの意識や考え方を共有させることはものすごく大事なのです。なので、試合期のミーティングこそ重要視し、時間をかけています。ミーティングとフィールド練習のどちらが大事とか、どのくらいの割合とかそういう考え方はしません。

練習中だけではなくて、試合本番でもミーティングをやります。うちのスタイルは、すぐにフォワード、バックスが情報収集して、「次はどうするか」「後半どうするか」など瞬時に考え、全体で共有していく形です。

普段のミーティングの積み重ねが、そこで生きてきます。ミーティングが非常にスピーディーです。試合中がもっとも頭の回転が速いと思います。もちろん捨てるものは完全に捨てます。そのあたりはかなり潔いです。

布施

藤原監督と他の監督との違いは、「試合期になったらミーティングを重要視する」というところです。実際には、逆の人が多いと思います。

ただし、試合中のミーティングは本当に速い。しかも監督は話に入りません。選手間だけではなく、監督とも共通認識を持っているので、それで全く問題ないのです。

ハーフタイムは時間が限られているから、最初から監督が指示するチームのほうが多いのですが、桐蔭の場合は選手たちの話がある程度煮詰まったところで、必要であれば、やっと監督が口を開くという感じです。

普段のミーティングから自分たちで考えて進める「本物のミーティング」をしているから、その辺はお手の物。1分しゃべっただけで、内容は5分くらいのことが伝わっています。5分しゃべって、やっと1分が伝わるというチームが多いのが実状だと思います。

コラム

「役割性格」を実践するコツ

実践1

選手として俳優のように役を演じ切る

54期の伊藤大祐選手は二年生のときは全く話さない選手でした。でも三年生の最後にはびっくりするくらい話すことが上手になりました。

彼は完璧に「役割」を演じることができていたと思います。これが45ページで出てきた「役割性格」という心理学用語です。「役割」とは、この場合で言うとキャプテンのこと。これを彼は演じていたわけです。

僕は企業に呼ばれるトレーニングや、オリンピック選手を含むプロアスリートにもこの「役割性格」の話をしますが、その場で納得して実行に移そうとしても、うわべだけ理解しただけだと必ず壁にぶつかってしまいます。でも、コツコツとトレーニングを積んできた桐蔭学園の選手は全く違うレベルで理解し始めた。

たとえば、伊藤選手の場合だと、藤原監督や私ととことんキャプテンについて話し合います。「伊藤大祐がどういうキャプテンだったら、全国で優勝できる？」と。それはまるで壮大な映画を作る一大プロジェクトのようで、「伊藤大祐が主役としてどう立ち回るのか」という話をするわけです。伊藤選手本人も自分のことなのに、客観的な視点をもって、役者としてあの場面ではこう動くとか、そういうときはこう話す、など具体的にどんどん考えていきます。

伊藤選手は、一年生のときに全国ベスト4、二年生で準優勝、三年生で優勝しました。藤原監督が言っていましたが、伊藤選手は「勝ちたい」という気持ちが人一倍強い選手です。だから、キャプテンになったとき、その一、二年生のときに、負けてしまった理由をとことん探り、「役割性格」として、どんな役割を演じたらいいのか考える機会をくり返し作りました。

役割性格を考えるときに、絶対に突き詰めて考えるべきは「チームのあるべき姿」

ですが、さらに進んでその先に「チーム一人ひとりのとるべき行動の具体的イメージ」まで持てるように話します。組織のことを理解していなくても一般的な役割なら出てきます。たとえば「きちんと皆の声を聞くこと」「チームを引っ張っていく」なんてことですね。最初はそれでもいいかもしれませんが、組織のことを深く理解しなければ、本当に必要な役割は明確にできません。

桐蔭学園くらい深く掘り下げて考えていくと、「僕はこのチームを優勝させるために役作りをしているんだ」と気がつくときがやってきます。伊藤選手はそれに気がつき、自分なりの役割を演じていくようになりました。それをプレーで示し、さらに言葉でしっかりチームのみんなに伝えられるようになってきます。そうやって、どんどん人前でもきちんと自分の言葉で話せるようになっていきました。

実践2

良き相棒とのバランス

同じように話さないタイプでも50期の齋藤直人選手にはまた別の個性がありました。齋藤選手は、僕がチームに加わったときの最初の三年生です。本当に口数が少ない選手で、少人数であれば話すのですが、大人数、百人くらいの前では決定的な一言しか言わないというタイプでした。

そこに、相棒として柴田徹選手というとても信念があり、機転が利く選手がいて、齋藤選手は柴田選手を自分のスピーカーとして頼りにしました。結果的に二人が協力することでうまく機能しました。

こんな風に、話すのが苦手な選手でも、自分の役割を深く理解して演じていく中で、相棒の存在は有効で、齋藤選手本人も話せるようになっていきました。

たとえば、この「役割性格」を理解した伊藤選手や齋藤選手が全く違うチームに入ったら、そのチームにあった役割を演じると思います。その子なりのスタイルは基本的には変わりませんが、場面によって変化させることができるのです。まさに、映画の脚本によって演じ分ける俳優と同じです。自分のスタイルと、チーム全体のスタイルという、二つの軸をしっかりもっているので、それができるのです。

あと、おもしろいのが、キャプテンになって話せたからといって、普段もキャプテンらしく饒舌かと言ったらそうでもないのです。伊藤選手なんかは結構ガキ大将なところがあって、部員をいじる楽しい性格なのですが、それは普段の「オリジナル伊藤大祐」で、部活動のときは「キャプテン伊藤大祐」になります。それは同じであって違うものとしてみんなも理解しています。

多くの学校の場合、部員同士でも「普段は違うくせに、キャプテンだからって偉そうにしてほしくない」となってしまうこともあるかもしれません。でも桐蔭学園は入学当初から「役割性格」という言葉がふつうにでてきて、キャプテンとしての役にチャレンジしていることを理解しているので、当たり前すぎて違和感がないのです。

たとえば、会社員の方だったら、会社の役職時の自分、友だちと飲みに行っているときの自分、家族と一緒にいるときの自分、ひとりで趣味に没頭しているときの自分って全く別だったりしますよね？ それと同じことなのです。

第3章

「自分で動き、成長する選手」を育てる指導哲学

第100回花園、優勝を喜ぶ桐蔭学園の選手（朝日新聞社提供）

ここまでの流れでもわかるように、藤原監督には明確な指導哲学がある。それを布施先生の分析とともに解剖していく。リーダーを輩出し続ける藤原監督には、その指導哲学を秘密にしておくのではなく、多くの指導者やスポーツ選手たちに知ってほしいという願いがあるのだ。

「弱い自分」をさらけ出させる

藤原

花園で優勝した54期のキャプテン伊藤選手の成長を最も感じたのは、最後の最後、大会期間中のミーティングです。そのミーティング直前に、布施先生に三年生の主力メンバーとの個人面談をやっていただいたんです。もうすこし、本音でみんなとしゃべれるようになったほうがいいのではないか、という意図がありました。

強い意見をもっている選手がいたので、その後のミーティングでは、意見をずいぶんぶつけ合いましたね。それが合計6時間くらいかかったミーティングです。そんなに長くやるとは思わなかったですけれど。

伊藤選手は強い自分だけではなく、弱い自分もさらけ出していました。今までも弱い部分の話ももちろんしてきたのですが、もしかすると、そこまで掘り下げてなかったのかもしれません。

試合中は絶対にミスがあるものだし、自信がない部分があるなら言ってもらわないと想定できません。だから、そのプレーや作戦が本当にできるのか想定したときに、あらゆる角度から、ちゃんと詰めてとことん話しました。どのあたりからキックを狙うとか、細かいところまでしっかり話し合いました。良い格好がしたくて本音を言わなかったとしたら、後々周りがしんどくなるだけですからね。

また、キャプテンが選手たちに聞いていくだけではなくて、たとえばフォワードがバックスに聞くとか、バックスがフォワードに聞くとか、そういうことも小グループに分かれて行いました。

布施

藤原監督が言うように、優勝した54期は自分をさらけ出すことがよくできていた代だと思います。弱い自分を出して、自信がないということもみんなの前で言っていました。一般的には運動部というと、自分への評価が下がることを恐れて弱みを見せることを極端に嫌がる選手が多いと思いますが、桐蔭はそうじゃない。

また、大げさでも冗談でもなく、本当に6時間ミーティングを行いました。実は、僕が問いかけてしまった部分もあったのです。

そのミーティングのとき、生徒たちの話を聞いているうちにみんなの言っていることがちょっとズレているという感覚がありました。それが、戦術的なところとプレーの選択のところだったので、「そこをもうちょっと明確にしてみたら」とアドバイスしました。

すると、彼らはホワイトボードとマグネットを使って整理し始めたのです。結果、実際にズレていたことがわかりました。

僕としては、そこまででも良かったと思ったのですが、彼らはそこで終わりにせず、「今まで話してきたことは、本当に準決勝の強豪校相手に実践できるのだろうか？　この方向で本当にいいのか？」と考え始めました。そして、もうすこし詰めたいと言って、さらに先に進みました。やる気に火がついてしまって、食事を挟んだり、休憩を入れたりしながらも夢中でミーティングをしていましたし、それだけの時間が必要だったのです。

「反対意見を言う選手」を大切にする

藤原

ミーティングはスムーズに行き過ぎていると危険だという話をしましたが、そういうときに私の一言とは別に、逆の意見を言う選手がいることがキーポイントだと思います。「ちょっとこの案件については、こっちの方向で一回疑ってみよう」と。うちのチームには自然とそういう役目をする選手がいて、スムーズな流れを一旦疑うという雰囲気が年々、徐々に出来上がってきました。

たとえば54期の話でいうと、最後の全国大会で三年生の谷平奨馬選手をひとりだけメンバーから外しました。だけど花園大会には連れていき、そして彼に伝えました。

「なんで君はここに来ているか、わかるか」と。

きっかけは選抜大会のときでしたが、彼は、みんなが思っていることと違うことを言うのです。みんなの考えが固まって、こっちで行こうとなっても、「そういう考えもあるけど、こういう考え方もあるんじゃないか」と、逆説を唱えるのです。

当然、そこでミーティングは止まります。正直、キャプテンも困っていましたね。だけどその感覚というのは大事で、そこで一回みんな立ち止まって考えることで、さらにいい方向に行くことになりました。そこから彼の存在意義が出てきました。

花園期間も、困ったことや、もしくは勢いで強引に話がまとまりかけたときに、キャプテンが「おまえ、どう思う?」と振りやすい選手がいるのといないのとでは雲泥の差です。そこで、彼は「俺もそう思うよ」と言うかもしれないし、「いや、こういう考えがあるよ」と別の意見を出してくるかもしれない。そういう選手が絶対に必要なので、それで意図的に彼を連れて行きました。

議論している最中で、簡単にあっさり決めていくときが一番落とし穴に落ちやすいのです。そのときに「ちょっと待て、ストップ」と言えるやつがチームの中に最低でもひとりはいてほしいのです。たとえばそれがメンバーじゃなくてもいいのです。そこが私の中では、ミーティングのポイントだと思っています。

もしかするとプレー的には、試合に出られない部分もあるかもしれない。しかし、彼が言うことはいつも必ず一理あると選手みんなが納得して認めていました。一旦立ち止まって考える時間を設ける。こういう繰り返しによってチームの完成度がどんどん増していきますから、大きいですよね。

実際にチームが伸びていくと同時に、その子自身も自分に自信を持てるようになります。谷平選手は朴訥な人柄なのですが、彼の発言に対しては、みんな真摯に聞いていました。

布施

「反対意見を言う」選手は、53期の小西選手がキャプテンだった代にもいました。紀伊遼平選手です。明らかに反対意見を言うのが役目だと思っているみたいで、ことごとく違うことを言っていました。

ミーティングが終わった後に彼に話を聞いてみると、

「僕はそこまで小西キャプテンの話に反対だったわけじゃないんですよね」

と言うのです。

「誰かが反対意見や一旦議論を止めたりしないと、キャプテンが決めたことに対して、なかなか三年生でも言いづらいのに、下級生は何も言えなくなってしまいますから」

ということを言っていました。

こうやって、選手一人ひとりが自分の役割をしっかり理解した上で、ミーティングを行うので、すごく濃い内容になります。6時間と言うのもそれが彼らが心底納得して試合に臨むために必要な時間だったのです。

思いきりプレーするための「心の安全弁」を作る

藤原

54期の花園期間中に、フッカーのレギュラーがケガをして、出るはずだった二番手が緊張からイップスになってしまい、三番手の二年生が出ることになってしまったことがありました。

その三番手の中山大暉選手は、試合のキャリアとしたら、関東大会県予選の三回戦しか出たことがない。選抜大会もない、関東大会も出たことがない、サニックスも行っていない状態です。でも、中山選手には、ラインアウト（外にボールを蹴り出したときに投げ入れるプレー）のスローがうまい、という武器がありました。とはいえ、普通に考えたら厳しい状況です。これは、相当な博打でした。ただ、二番手の三年生で失敗してから二年生の中山選手が出ることになると相当しんどいですが、二年生が失敗する分には「仕方ないな」という感覚になるわけです。

先に出すなら二年生で、ダメだったら、他にもう一枚いた三年生に託す。三枚いればどうにかなるだろうという考えでした。

そうしたら、中山選手が最初にトライしました。それをきっかけに自信をつけたようです。試合はその一試合だけではないから、試合後も布施先生にみっちり「フッカーミーティング」をしてもらいました。

フッカー三人で責任をもつ感じだったので三分の一ずつ分散すれば、気持ち的にラクになったと思います。そういうところは、布施先生が上手くやってくれました。

実際、関東大会の県予選三回戦しか出たことない選手が、いきなり全国大会の花園に出ているわけですから、それはきついですよね。中山選手はよく乗り越えたと思います。

布施

この「フッカー事件」は、最初はひどい状態でした。フッカーの大きな仕事と言えば、ラインアウトなのですが、ミーティングで、今のフッカー陣では、それが難しいからタッチに出すのはやめようという話さえ出始めていました。フッカー陣の一番大きな仕事であるラインアウトは戦術の中に入れないと言われているわけだから、彼らの肩身は狭い。フッカー陣の心は折れてしまっていたと思います。

試合後に向け、僕とフッカーの三人で、「チームフッカー」を作りました。とにかく自分たちでやれることはきちんと準備して、それを三人で共有認識としてもっておくという作業を繰り返し行いました。

「自分だけじゃない、三人がみんなどういうプレーをしようとして、そのために何をがんばっているかを共有しているから大丈夫」という「安全弁」を作る作業です。そこで、「みんなの前では言えないけど、何か不安に思うことはある？」と聞いてみたら、中山選手が、

「僕、Ａチームの試合にはほとんど出たことないんです。布施先生、Ｂチームと

Aチームの違いはわかりますか？」

と聞いてきました。

「そりゃあレベルが違うよね」

と言うと、

「それはそうなんですけど、もっと具体的に言うと、やるオプションが1個と10個くらい違うんです。だから、全然わかんないですよ」

と泣きそうな顔をしていました。つまり、ひとつのプレーにしても考えることが10倍あるということです。

中山選手が一番緊張したのは最初の試合前に試合形式で練習するときだったようです。「むっちゃ緊張するんですよ。どこに立っていたらいいか。どう動いたらいいかよくわかんなくて。伊藤キャプテンの目とか気になっちゃって」

と不安でいっぱいでした。

すると、ケガをしてしまったレギュラーの三年生平石颯選手が、自分の言葉で、

「そんな風に、完璧に考える必要なんかないんだよ」

と話をしてあげていました。

「でも、最終的には今できる範囲で判断するんだ。もし間違っても、そのデータをもとに再仮説をつくるのをがんばれ」

とも。これが、まさに「安全弁」です。ひとりじゃなくて、チームフッカーのみんなで試合に臨んでいくという気持ちをもたせることが大事でした。「わかってくれている」存在がいることが重要なのです。

また、藤原監督が二年生を先に出したというのも、マネージメントとしては素晴らしい采配です。二年生の中山選手が出場することになって、そのときにイップスぎみになってしまった控えの三年生は、自分が今できることは「中山に何とか自信をもたせることなんだ」と思ったみたいで、相当話してくれました。

その後、その控えの三年生も何回か出場したのですが、そのときも良い流れでプレーできていたと思います。

また、ケガをしてしまったレギュラーの平石選手のすごいところは、そういう状況でもきちんと自分の最低・最高の目標設定ができていることなのです。代わりに出場することになった二年生の中山選手は、その目標設定があやふやだったので、平石選手が、どんどん考えを引き出していました。

「中山の思うそれってこういうことじゃないの？」

「僕だったらこういう風に考えるよ」

という具合です。そのうちに、中山選手の考えが具体的になり、しっかり目標設定ができたので、「最低限、これをやり続けることがすごく大切なんだ」と確信をもって、試合に出て行ったと思います。まさに「チームフッカー」代表として中山選手は戦っていたのです。

他人と比べない「縦型比較」で個性を伸ばす

藤原

選手はそれぞれ別人格で、もっているスキルが元々違うわけですから、歴代の選手を比較しても意味がありません。

たとえば、記者の方から「日本代表で活躍したＯＢの松島幸太朗と２０１９年に花園優勝をしたときの伊藤大祐は、キャプテン、プレイヤーとしてどちらが上ですか？」という質問をされることもありますが、本当にくだらない質問だと感じてしまいます。「それは比べられるものではありませんよね」と、話をした記憶があります。

それぞれみんな違うので、その違う部分を大事にしてあげなきゃいけない。ましてや「できる・できない」というのは、能力的なものもあるわけです。段階を踏んで成長していくわけですから、今できなくても、半年後にできるかもしれないし、一年後にできるかもしれない。それは現時点ではわかりません。努力の度合いにもよって変わってきます。

だからあまり他人と比較したような話は部員にはしないですね。そんなことを言っていても、その人にはなれないわけだし、逆にみんな同じだったらつまらない。その子の人となりが徐々にわかっていくことが、選手と関わっていく中で、一番おもしろいところだと感じています。

だから基本的にはキャプテンにも、こうあるべきだなんて言いません。毎年毎年キャプテンになる子は、違う性格ですし、違うタイプですから。それぞれの個性を大事にしながら、彼らの良いところを引き出してあげるというのが一番大事かなと思います。

布施

藤原監督の徹底しているところは、歴代のキャプテンを比べることが一切ないことです。一人ひとり、個人での成長軸を見ているので、他人と比較しないのです。これは、スポーツ心理学的に言うと、「縦型比較・横型比較」という考え方に当てはまります。

縦型とは、個人の中で完結して成長の度合いを見てあげる方法を、わかりやすく選手に説明するためにつけた名前です。一方で、横型とは他人と比較する方法のことです。たとえば、世界的に活躍しているスポーツ選手は、なりたい将来の自分と、今の自分を比較することができます。幼いときから縦型比較の中で生きている選手が非常に多いのです。

桐蔭学園では、基本的に縦型比較で、個人の成長度合いを比較しています。だから、「キャプテンとはこうあるべき」という理想像は作らずに、その子の個性を大事にしています。

どうしても「前のキャプテンはこうだった」と言ってしまう指導者もいると思い

ます。もちろん、キャプテンとして最低限の役割を果たすことは必要ですが、伝え方や話し方は、皆が同じでなくとも構わない。その子に合った方法が必ずあって、それを監督と一緒に探っていく。そのヒントを僕のミーティングから見つけてくれているのだと思います。そのうちに、その子なりの方法が確立していき、自信を持って話すことができるようになっていきます。縦型比較ができていると自分の目標が明確になるので、結果として、必要に応じて横型比較も上手に使えるようになります。周りのいいところを、自分に取り入れることができるのです。

たとえば、ミーティングの話でおもしろいのは、キャプテンの個性や進め方が全く違っていても、そのときそのときで成功しているということです。

だからと言って、その成功した例を真似する必要はありません。もちろん、真似しても構いません。「先輩みたいなプレーがしたいです」という憧れのようなものは全く問題ありません。ただの憧れで終わらないように、選手たちには、「そういう考え方だと、憧れの先輩は超えられないよ、オリジナルのいいところは真似してもいいけど『では、自分ならどうする？』というところまで掘り下げて考えないと」

と話をしています。

この「憧れ」「真似をする」というのは、「型」なのです。ある程度成功した「型」があるわけだから、最初は、それを真似してもいい。これは「クローズドスキル」と言って、まずは練習や考え方を理解するために型を覚えます。でも、重要なのは型を覚えた後に必要な「オープンスキル」と呼ばれる応用のほうです。

型を習得すれば決まった練習やミーティングはこなせるかもしれないけれど、それだけでは成長はありません。何が起きるかわからない試合や、普段の話の中で、その習得した型をどう使うかということが重要なのです。

たとえば、いくら英単語や文法を完璧に覚えたとしても、実際の会話で使えなければ意味がありません。会話の種類や相手によって、単語や文法を駆使して話せば、会話が弾んで行きます。

型にはめようとするだけでは使いこなすことができなくて、そこで自分なりの工夫や機転が出てくる必要があります。そうやっていくつかの型からそれを応用して自由に使うことができるようになってくると、自分の得意なところ、使い方の特徴がわかってきます。それを今度は一般化（形式化）してあげると、それはその子の鉄板スタイル、強みになります。これが縦型比較の育成方法です。

相手を本当の意味でリスペクトする

藤原

選手は高校生ですし、勝っていけば慢心が芽生えることがあります。全国大会でも、県ごとにレベルが違うわけですから、出場校には実力差が必ず生まれます。たとえば、勝つのに苦労した次の相手が、ふつうにやったら補欠のチームでも勝ててしまうような場合もままあります。そういうとき、得てして油断が生まれることがあり、ミーティングもすごく短くなってしまうことがあります。

そんなとき、「どんな相手でもリスペクトして戦おう！」なんて言いますよね。そのリスペクトとは、「実力は自分たちのほうが上だけれど、相手校も頑張ってきたんだから尊重しよう」ということだと勘違いしがちです。それだと結局は「なめてかかる」ことと一緒になります。

実際に、花園で対戦したある高校との実力差は明白で、うちのＣチームでも勝てるかもしれないというくらいでした。そこで私がしたことは、単純にその高校そのもののことを調べました。その高校は、進学校でありながらものすごく学校行事が充実しているのです。イベントなど目の前のことに全力を注ぐという校風です。すべてに全力を注いで、三年間の最後に全力で受験に臨むと。だから、たとえ大差がついたとしてもその高校の選手たちは、あきらめないで絶対に全力で向かってくるぞ、と。

そういう話を、スライド資料を五、六枚作って、選手たちにプレゼンしました。戦術とかそういうのではなくて、ちょっとユーモアも入れながら相手をリスペクトするべきなんだという話をしました。

布施

このミーティングは本当に画期的だと感じました。ラグビーやサッカーをはじめ、スポーツの技術のところで自分たちのほうが上だったら、「リスペクト」は正直言って難しいと思うのです。

でも監督が言われたのは、「人としての生き方とか、組織の方針、人間として相手をちゃんとリスペクトするべきだ。そこをなめたらやられる」ということでした。選手たちは「あ、そういう考え方があるんだ」と感じたと思います。しかもそれを伝える方法が、自分たちへのユーモアも交えた形だったので余計に理解度が高まったのではないかと思います。僕はそれがとてもユーモアがあって、いいアイデアだと感じました。

感情的にならない

藤原

私は「絶対に勝つぞ！」というタイプではありません。「最後は泣いてグラウンドに出ていく」など、ラグビーだとそういうシーンが未だにありますが、そういうとき発揮される力というのは、5分、いや下手したら1分で終わってしまうんですよね。たまたま魔法がずっとかかっているときもありますけど、結局60分間はもちません。それは試合中に冷静に考えられていないということですから。予測ができない、流れが止まる、そういう試合が一番嫌なんですよね。

気持ちが昂るのは当たり前ですが、どこか冷静でいてほしいと思っています。そういう気持ちを大事にしてほしい。選手を鼓舞して「ああしろ、こうしろ」というのは、私の監督人生で一度もないかもしれません。

むしろその逆をいっているかもしれません。そういう意味では、周りから変わっていると言われてもおかしくないかもしれませんけどね（笑）。

一般的なイメージだと、「さぁ、いこう！」とか「気合い入れていけ！」とか監督はそういうものだと思うかもしれません。でも、「気合い入れていけ」と言っても、私からすると、何が気合なんだかよくわからない。「みんな気合い入ってるよ」って思いますね。

私の場合は、やはりユーモアをもちたいし、試合に行く前に笑いをとるところもたまにあります。何を言ったら彼らに一番響くのかなと、それを第一に考えています。自然体で行ったほうがいいなぁって思ったときは、自然体でしょうし、すこしひねったほうが良ければそうするし、考え過ぎても良い結果は出ませんから。そのときの肌感覚をものすごく大事にしています。

当然、いつでも選手たちに話す用意はしていますけれど、話さないないほうがいいなというときは話さず選手に任せます。用意をした内容が合うか合わないかという判断はその場でしています。

布施

チームフッカーを例にとれば、フッカーがダメになったら、ラグビー部全体が危機的状況になってしまうんですけれど、藤原監督は、そういうときでもどことなく「笑っている」ところがあるのです。

試合中でもたまに「ここで負けても、彼らがやってきたことがここでしかないということだから仕方がないよ」というようなことを言うときがあります。ここに監督のフィロソフィー（指導哲学）があるな、と感じています。

藤原監督は、選手に「絶対勝つんだ！」とか「根性でやりきれ！」などと言うタイプではありません。だから、特に試合中は、顔色が全く変わらず、傍から見ると「何を考えているのかわからない」と言われがちかもしれません。

「そのとき」のベストを尽くす

藤原――たとえ、一番大事な花園の試合でも、前半に選手をスパッと代えることがあります。大体事前に予想していたとおりというときが多いですね。特に花園だけはやはり早い判断が必要だと思っています。判断は相当早いほうだと思います。

でも、遅かったときもありました。あれは、53期の小西選手がキャプテンだったときですね。花園の三回戦だったと思います。調子が良くなかったから小西選手を代えました。その理由は、小西選手が「挽回しようとしちゃった」からです。いいことのように思えますが、これは一番やってはいけないことです。

もし、調子が悪かったら、普段どおり、元の位置に戻ればいいのですが、10あるうちの5くらいの力を出してくれればいいのを、それを7、8、9まで挽回しようとしていました。それを見たとき「これはケガするな」と感じました。小西選手は自分でもちょっと良くなかったと感じていたと思います。それも見えたので、頭を冷やす時間をあげたんですよね。そんなに力を入れなくてもいいんじゃないか、と。そうしたら、周りもうまく動き出して、結果的に良い方向に向きました。

次の試合ではふつうに良いパフォーマンスで活躍してくれました。やはり自分で力が入り過ぎていたというのがわかっていたんだと思います。自分だけで取り戻そうとするのではなくて、もうちょっと他の選手を使えばいいんじゃないか、などそういうところにきちんと気がついたようでした。

布施

これは監督の特徴的な考え方のひとつで「そのときのベストを尽くす」というものです。このときの小西選手のように、調子が悪いときでも「調子が良いとき」のベストをやろうとしてしまうから、どんどん悪いスパイラルに入ってしまいます。

自分のパフォーマンスが出せる状態だったらいいのですが、そもそも調子が悪いから良いプレーができていないのに、その状態で取り返しに行くから、空回りしたり、どんどん頭の中で考える量を増やしていったりして頑張れば頑張るほど悪い方向にいきがちなのです。

監督が言っているのはそういうことではなくて、調子が悪いときは実力の「3」くらいしか出ないのだから、7とか8を考えるのではなく3、4、5などそのあたりを考えればいいということなのです。それが今の状態のベストなのだから。

小西選手も、最初は空回りしてしまいましたが、冷静になると監督のそういう意図をしっかり理解していました。

完成されたチームは怖くない

藤原

他の学校がどういうスタンスなのか、競技レベルや何にこだわってやっているかは、合宿や試合前の練習を見ていればだいたいわかります。試合をすれば、そのチームが伸びるか、伸びないかがだいたいわかってしまうのです。「夏でこの位置にいるなら秋は相当手強いぞ」とか「完成されているチームはこぢんまりしていて、逆に全然怖くないな」とか。

「完成されているチームは伸びない」という理由は、簡単に言うと、戦術的にボールを持つ選手が決まっていたり、パターンが決まっていたりするからです。決まっているそのパターンの先のことをやっていないのです。

そういう相手は、的が絞りやすいので、戦術が立てやすいですよね。選手がどんな状況でも戦える用意をする、横に広げていくということが非常に大事なのに、ごく一部だけでラグビーをやろうとしてしまうので、もったいないなと感じます。

でも、そういうチームに布施先生のような人がアドバイザーで入ったら厄介かもしれません。

布施

僕がぱっとどこかの高校に行って、桐蔭と同じことができるかと言ったら、そう簡単ではありません。藤原先生はスポーツ心理学者としての仕事については僕に裁量をくださっていて、講義だけでなく練習や試合でも場を用意してくれていますが、「メンタルについては自分たちでできる」と考えるチームもいらっしゃいます。監督と僕の役割は、監督とコーチの関係同様、表裏一体なので、結局監督の方針と僕のやり方が合わなければやっていけませんし、一回のセミナーでお伝えできる量には限りがあります。

純粋にラグビーの技術面で見たら、ひとつのパスだろうし、ひとつのキックだろうし、ワンプレーでしかない。だけど僕らの世界から見たら、そのワンプレーを裏側から見ていて、そのときどう考えたとか、ワンプレーの前はどうだったのかとか、そういう見方をしています。桐蔭はこのような視点を重視してくれたわけです。

私に与えられたミッションは心理学の授業をやるとか研究者を育てるという話ではないので、チーム文化を勉強させてもらっています。講演会の仕事と違い、練習や試合に参加しているので、理論の使い方をカスタマイズできます。監督やコーチの皆さんと話をしたり、一緒に過ごしたりすることで、お互いの言語を埋めていく作業が必要になってきますから時間がかかります。

そうしていくうちに、藤原監督と僕の言っていることは、裏表だけれど一緒になってくる。だから良いタッグを組ませてもらっていると感じています。その中で桐蔭としての文化とか、どういうチームにしていくか、それをどう選手たちに浸透させていくか、ということが一番重要なわけです。

指導者も常に学びを求める

藤原

卒業生で社会人になった子と話をしたときに、「仕事で交渉が必要なときに桐蔭のミーティング経験が生きています」と言っていました。実際に何をやったのか聞いてみると、「相手がかたくなで交渉が難しい場合は、一歩譲ります」と。「だけど、それ（相手の主張）が違ったときには、僕のほうに二歩近づいてくださいね」と提案するそうです。提案の仕方もうまいでしょうし、そうなったら彼の勝ちですよね。私もどこかで使えるなと思いました（笑）。

私は、ＯＢや布施先生はもちろん、いろいろな人に会って話を聞くことが好きです。やはり知らないことがたくさんあるし、楽しいですよね。

たとえば布施先生にお願いして、社会人野球の監督に話を聞かせてもらう機会がありました。そのとき、選手が一人ひとり「監督、帰ります」と挨拶しにくるわけですよ。「社会人だから練習が終わったらさっさと帰ればいいじゃないか、高校生でもしないようなことをやっているな」と感じて「なぜですか?」とその監督に聞いてみたのです。

そうしたら、

「彼らは将来的に会社の職員として働かないといけない。そうなったときに基本的なことができていないと周りに信用されないでしょう。ここは教育の場だと思っているのです」

という話をされていました。さらに、

「野球は大切だけど、人生すべてをかけてやっていくわけじゃない。この先の人生が長いのだから、野球がなくなったときに困らないようにしていく必要がある」と。

「なるほど。これも教育なんだな」と感じました。

そういう話を聞くのも大事ですし、自分に刺激を与えたいと思っています。自分の考えとは違う人と話をしないと、知識は入ってきません。

たとえば、外からの刺激がないままだと、選手と話をするときも同じことの繰り返しで、昔のことばかり話す人になってしまう。それだけは一番避けたいパターンです。

もう亡くなってしまったのですが、桐蔭学園には、野坂康夫先生という校長先生がいらっしゃいました。私はその人に拾ってもらったようなものなのですが、あるとき、野坂先生が、

「俺、昔話するのが嫌いなんだよ」

と言いました。若い僕らと年がかなり離れているのに、昔の話を全くしないのです。

「藤原、昔話と自慢話しかしなくなったら終わりだぞ。そうなったら一緒に酒を飲まないからな」

と言われました(笑)。そのときに「この人はすごいな、おしゃれだな」と思いましたね。新しいものにすぐ目がいくし、若い子の心をつかむのがとても上手でした。

とかく、歳を重ねると、自分の良かった思い出話をしがちですよね。

「それ、もう十回聞いたよ……」とかね(笑)。

年齢が上がっていくにつれて、特に気をつけているのは、そういう状態に私もなっていないかな、ということです。話し相手は、だいたい年下の人や選手だから、自分で気をつけないと誰からも指摘されなくなってしまいます。

生徒に話すときもそうですが、インプットしたら大体三人くらいにアウトプットするようにしています。そうすれば脳は覚えてくれます。だから、意識して「今年のシーズンが終わったら、まず誰と会おうか」と、計画的に考えるようにしています。

布施

伝統として大切にすることは大切にして、前に進むためには躊躇なくどんどん新しいものをインプットしていくのが藤原監督です。たとえば、本書でも、自分たちのしてきたことをどんどんアウトプットしていますよね。いつまでもすべて秘密にして公開しないというのは、一見良さそうな感じですが、次への発展がなくなってしまうのです。

私は企業に呼んでいただき、ビジネスパーソンの方々にトレーニングをさせていただいていますが、やはり「ここは素晴らしい」と思う企業には同様の傾向があります。つまり、組織内のリソースをオープンにしたり、または外から柔軟に取り入れるなど、オープンイノベーション的に取り組むことで、チームに新たな価値を生み出し成長につなげています。

それを藤原監督はやっています。

本書で事例としているのは近年の桐蔭学園（53期〜54期）が中心でしたが、毎年同じようでいて全く違うチームを作っています。何年もトップに居続けるためには、丁寧に選手たちと接する必要があるし、とても手間がかかります。これほどのことを毎年必死にやっているということを多くの人に知ってほしいですし、スポーツに限らず、ビジネスシーンや人間関係などさまざまな分野で必ず参考になることだと思います。

コラム

相手に本音を話させる心理学的なコツ

実践1

面談はビッグチャンス

高校三年生にとっての最終ステージともいえる花園前に、僕（布施）は、メンバーの一人ひとりと30分の個人面談を行いました。一対一で話をするときには、選手たちからたくさんの言葉や想いを引き出してあげたいと思っています。

選手とスポーツ心理学者という関係だけではなく、たとえば会社の上司と部下だったり、子育てしている親御さんだったり、いろいろな場面で相手の話をうまく聞き出したい、という場面が皆さんにもあるでしょう。

本音を話させるために一般的に言われるのが、うなずいて傾聴しましょう、ということではないでしょうか。本やＷＥＢサイトなどで調べるとそう書いてあることが多いと思います。でも、本当にそれだけで相手は話をしてくれるでしょうか。やはり聞くという作業は非常に難しい。まず第一に、学問的に広い視座、深い見識は必要だと思います。しかし、それだけで選手の気持ちには対応しきれない。スポーツ・勝負事の難しさを知っていて、選手の気持ちを整理しながら聞いてあげる。この両輪がないとうまくいかないと思っています。

選手たちにとって、こういった一対一の面談というのはビッグチャンスです。なぜなら、大勢のミーティングでは、他の誰かの話を例にしているため、直接的に自分の話ではありません。想像力をフル回転させて、自分にはどう当てはまるのかな、と考えないといけない。そういう面倒くささがあるけれど、当たり前ですが一対一なら、すべて自分の話なわけです。

そういうときに僕がしているのは、その子が出してきたちょっとした話でも、すかさず拾って、その続きを話しやすいようにさりげなくパスを出すこと。「それはこういうことだよね？」と助け船を出して、その子が感じているがうまく言葉にできないようなことに対して、細かく質問をしていき、そのモヤモヤを晴らしてあげます。そうすることで、だんだんと話の道筋が自分自身で見えてきて、どんどん話しやすくなっていき、自分の想いがあふれでるようになればいいと思っています。つまり話の勢いをつけてあげて、続きを話しやすい雰囲気を作っていくのです。その子の性格やその場の雰囲気で言い方や口調、質問のタイミングなどを変えています。

実践2

全体ミーティング＋個人面談の相乗効果

たとえば、53期の小西選手がキャプテンのときに津田貫汰選手というキッカーがいました。普段はそこまで目立つ選手ではありませんでしたが、彼は花園の決勝まで行って、大会のキック成功率のパーセンテージを塗り替えました。それほど実力のある選手でした。

こういう一見目立たない選手は、大勢のミーティングでは存在感がありません。

だから一対一のミーティングをやったときに、ぐいぐい意見や気持ちを引き出してあげる必要があります。でも、やはりそういう選手の場合は、言葉が出てくるまで時間がかかるし、言葉にすることが苦手なので詰まってしまいます。そこでほしい答えを言わせたり、無理やり納得させたりしないで、粘り強く聞いていきます。良い面だけではなく、悪い面もなぜ悪いのかを掘り下げて、しっかり一緒に彼の言葉で分析していきます。

全体のミーティングが進化する中で、個人レベルでも進化するには、こんなふうに個人面談を行うことはとても効果的なのです。

第4章

コロナ禍を乗り越え、花園二連覇へ

コロナ禍を経て史上9校目の連覇を果たす

新型コロナウイルスの感染拡大によって、２０２０年３月２日から一斉休校となった。２０２０年４月７日に東京、神奈川、埼玉、千葉、大阪、兵庫、福岡の７都府県に緊急事態宣言が発令され、４月16日には対象が全国に拡大された。

試合の機会が激減し、授業もオンライン化される中、桐蔭学園ラグビーチームはいかにして勝つチームを創り上げ、花園連覇を果たしたのか。

新型コロナウイルス感染流行前のチーム状況

藤原

新型コロナウイルスの感染流行が始まる前のチーム状況を振り返ってみましょう。その頃は例年通りの新人戦で優勝した二週間後でした。我々のチームはスーパーシードでしたから、ベスト8から勝ち上がっていきました。そして東海大相模高校との決勝戦ではクロスゲームになりながらも優勝しています。その後の関東新人大会でも4試合を危なげなく勝っていました。

しかし、それらの勝利はこれまでの遺産によるもので、チームを大きく変えることができなかったという課題が残りました。つまりゲームを引っ張ったのは前年度での勝利経験者の佐藤健次選手（55期キャプテン）や青木恵斗選手たちだったのです。

ですからチームの強さは盤石という状態ではありませんでした。ミーティングの進め方も粗かったですし、以前はいつも三年生がリードしていたので、二年生が三年生に上がるときの進行が滞り苦労していました。

これがコロナ禍直前の状態です。

「花園というピーク」を過ぎた状態から、チームを作り直さなければならないと考えたとき、花園で活躍した選手のほとんどが三年生でしたので、彼らが卒業してしまうとチームの軸が弱くなってしまいます。二年生はフォワードに二人、バックスに一人という程度でしたから。三人が軸のチームでは弱いですね。

そのために私たちスタッフも、なんとかなるだろうという考えは捨てて、ミーティングも含めてゼロベースでチームを作っていかなければならないという意識を持ちました。

しかし、新たに軸となった選手たちは、チームが一新されたことで「自分たちが主役になった！」という盛り上がりがあったかというと、今回はそんな雰囲気でもなかったのです。

布施

僕はこの時期のことを55期キャプテンの佐藤選手に聞いてみたのですが、彼は不安でいっぱいだったと言っていましたね。それはそうだろうと思いました。彼はそれまでチームの柱として活躍してきたキャリアもあるのでポンとキャプテンになってしまった。

しかしチームをまとめることに関しては全くの素人なわけです。今までは自分のプレーに注力していれば良かったのですが、キャプテンとなるとそうはいきません。視野を広げて各メンバーの特性や強みを把握し、戦略を練らなければならない。

そこで彼は青木選手と二人で、「これは大変なことになったぞ」と感じていたようです。

僕の記憶では、新人戦の決勝戦が終わった後に、藤原監督が厳しい話をしていたんですよ。「本当にこんなことでいいのか？」という内容です。優勝しているにもかかわらずです。

藤原監督としては、大会に向けての準備ができていなかったということですね。大会に向けて、一年生と二年生の準備はできていたのか、と問うたのです。

桐蔭学園では花園のメンバーが決まった段階で、選手たちに課題を出しています。スポーツというのは、試合をした途端に選手たちがどの程度課題に取り組んでいたのかわかってしまいます。単純にルーティン化した練習しかしてこなかった選手と、課題に取り組んで考えてきた選手と。つまり、藤原監督は花園のずっと先のことを考えていたわけです。

コロナ禍で試したオンラインミーティング

藤原　新型コロナウイルスの感染流行がいよいよ問題視され、２０２０年３月２日から一斉休校になりました。この一斉休校は突然出てきた話で、ちょうど期末試験が始まる週にかかってしまいます。まさに寝耳に水だったわけです。

確かに感染は広がっていたのですが、私たちはまだ様子を見ている段階でした。

その一斉休校の直前に、桐蔭学園ラグビー部のＯＢ会の方々と組織に関する打ち合わせの機会があり、そこでＯＢの代表者の方が、「藤原先生、新型コロナウイルスに関しては、もしかすると二、三年はかかるかもしれませんよ。だって２００２年のＳＡＲＳ（重症急性呼吸器症候群）や２０１２年のＭＥＲＳ（中東呼吸器症候群）もだいぶかかりましたからね」とおっしゃったんです。私はわりとすぐに収束するものだと思っていたので、急に緊張感が出てきましたね。

そんな中、すぐに一斉休校になってしまったのであまり手を打てませんでした。

それでも何かしなければと思い、始めたのは、週に一度はＺＯＯＭでミーティングを行うことです。毎週、土曜日か日曜日を使って一～二時間ほど行いました。最初はとにかくお互いの様子を確認する程度でしたが、何回目からか毎回先生方から課題を出すことになりました。各試合のビデオを見て評価点や反省点、課題を話し合うのです。そのほかには、生徒たちを四～六人のグループに分けてミーティングもさせました。

布施

グループミーティングでは、ライブ感や一体感を出すために、いろいろなことを試しましたよ。

ミーティングの最初の頃はコロナ禍に対する動揺もあるだろうということで、主に僕がリードしました。地域・学校によっては練習が可能なところもありましたが桐蔭学園は練習が全くできない状態でした。選手たちに強調したのは、自分でコントロールできる問題とできない問題を分けて考えよう、ということです。

そしてコロナ禍によって様々な制約がある中で、これを逆に活かせないか皆で考えました。たとえばこれまでは三年生とあまり話をする機会を持てなかった下級生が、じっくりと話し合える機会を増やせるとか、自主練をせざるを得なくなったことも、自主練ならではのメリットも考えようと。

コロナ禍のような非常事態になるとイノベーションが起きる可能性が高まりますから、とにかく皆に、「これは考えるチャンスだぞ」と伝えました。

もちろん、皆不安だったと思います。全国大会が行われるかもわかりません。しかし、徐々に選手たちは、今すべきことを見つけ出して実践する、という姿勢に変わってきました。そして花園の頃には考えや気持ちを共有できるようになっていきました。

先日、佐藤選手にインタビューしていたら、上手な表現をしていました。「桐蔭学園は見えている図が共通です。同じ絵を見ています」と。

たとえば藤原監督が提示したものを理解するという話ではなく、選手たちは全員でディスカッションしながら、一人ひとりが同じイメージとして共有できるようにしているのです。「見えている図が一緒だから自分たちは強い」と言っているのですね。提示されたものをみんなで見ているのではなく、みんなで作り出した図であるところが真の桐蔭の強みです。

これが、コロナ禍で試行錯誤してきたことの成果だと感じました。

仮説を立てる習慣をつける

藤原　コロナ禍はＯＢの方が予測したように長引き始めました。いよいよ生徒たちは学校の勉強もままならない状況になってしまいます。

桐蔭学園でもどうすれば良いのかなかなか決まりませんでしたが、実はコロナ禍以前に中学生にはｉＰａｄを貸与していましたし、高校生にはスマートフォンで学習できるアプリを提供していましたから、これらのインフラを利用した授業にシフトさせていきました。

それでも受験生は不安だったでしょうね。ただ、「自分では変えられないことに悩むよりも、この状況でもできることをやろう」という考え方が選手たちに浸透していたと思えたのは、コロナ禍で「かえって一人で勉強に集中できるようになった」と話していた生徒が実際に難関大学に合格するなどしたためです。ああ、彼が言っていたことは本当だったんだな、と感じました。

また、リモート学習のシステムも工夫していました。他の学校ではＺＯＯＭを使ったライブ授業を配信して、50～１００分の授業を６コマ行うなどしていたようですが、あまりうまくいっていないようでした。

一方、桐蔭学園では短めの映像を録画して、それを生徒が何度でも見直せるｅラーニング方式にしたのです。生徒の主体性を信頼しようということにしたわけです。

この方式は上手くいきました。しかし先生方は毎日動画を撮影しなければならないので大変ではありました。

また、動画も先生方が自ら撮影した授業を視聴して、どのくらいの長さなら集中しやすいか、写真をどの程度取り込んだら飽きないかなど随時検証していきました。

布施

オンラインでの授業の進め方が定まった頃、すでにお話ししたように選手たちには試合のビデオを見て、グループミーティングのテーマを決めて話し合うように課題を出していました。

テーマの決め方に関しては細かく指示せずに、「自分で考えなさい」と自由にさせていました。たとえば関東新人戦のときにフォワードとバックスがチグハグだったことに対して、バックスからフォワードに何を目指していたのかを質問することなどで言語化しようとします。逆にフォワードからバックスに対して、何をしてほしかったのかリクエストするためにやはり言語化する。あるいはなぜ、あのとき失敗したのかをみんなで検証する。

また、藤原監督から、勝てても苦しい試合だった場合の勝負所はどこだったのか、試合の流れが変わったのはなぜか、といったテーマが出されたりもしました。

僕としては仮説をつくれないと試合にはならないことを伝えると同時に、仮説だから間違ってもいいんだよ、とも話しました。藤原監督がよく言うのは、なぜ、その仮説に至ったのか、どのような判断でその仮説を立てたのかを明確にすることが大切だということです。

つまり、判断し、仮説を立て、実行してフィードバックする。この習慣が大切です。この習慣が付けば、たとえば大事な試合でも前半と後半の戦い方を変えることができます。

仮説を立てなければ、試合をしても「ああ、上手くいった」とか「上手くいかなかったなぁ」で思考が停止してしまいます。

「自分の言葉」で理解して語れているか

藤原

コロナ禍で三密が避けられるようになりましたが、ストレングスコーチによるトレーニングだけはオンラインでは不可能と判断して実際に集まって実施していました。とはいえ、毎日ではなく最低週に一回という頻度です。

まずトレーナーから全員に今週のテーマが発表されてトレーニング方法がレクチャーされます。その後はグループに分かれて実施します。その間、私を含めた数人のコーチで各グループを見ながらブレイクアウトセッションを繰り返すというスタイルです。

もちろん、オンラインでもトレーニングの指導は行いました。トレーナーの動きを画面で見ながらその通りの動きを真似る方法です。

我々のストレングスコーチは親切・丁寧に指導する方で、トレーニングの効果測定は欠かしませんでしたね。まず初回に選手たちの体脂肪を計測しておきます。その後も月毎で計測し、ちゃんとトレーニングしているのかどうかを数値で判断しています。ですから、トレーニングをサボるとすぐにわかります。

このように身体を鍛えている一方で、布施先生にはオンラインでメンタル面と思考面のケアを続けていただきました。

それでもコロナ禍では家に籠もりがちになってしまいますし、食べ盛りですからどうしても身体が丸みを帯びてくる。難しい面もありましたね。

布施

この時期、4~6月というのは、毎週ミーティングをしていましたから、私としては毎回視点を変えさせるためのテーマを用意することが結構大変ではありました。

何しろ試合をしていませんでしたから、実際にプレーをしながらのフィードバックができなかったわけです。材料がなかった。

とにかくグループで話をさせなければなりません。そこで時には「駅前で演説していたけれども、誰も聴いていなかったよね。あれじゃ響かない。何で響かないのか。一つはわかりにくい言葉を使っていたからだよね。普段皆が使っている言葉で語りかけないとわからないよね。僕たちの試合も同じだよね。一体感って言われてもそれが試合中にどう重要なのかわからない。自分の言葉で理解しないといけないよね」などと言います。

それでＺＯＯＭで一人ずつ話させる。すると何も考えていない選手は簡単にバレてしまう。

これ、厳しいですよね。選手たちがいつもと違うよそ行きの行儀の良い言葉で語ろうとしてしまうんです。チームの仲間たちの前で使う必要がない言葉遣いです。

そんなよそ行きの言葉はいらないから、自分の言葉で話しなさいと言います。そうしないと自分で考えていない綺麗事を語ってしまいます。それと抽象的な修飾語。「しっかりと準備しなければなりません」などと語ったら、「しっかりと」とはどういうことか、「準備」とは何を準備するのか、と問いただします。

実際、優れたリーダーは平易な言葉で語りますよね。

だから選手たちは、藤原監督が近くにいると頭を回転させなければなりません。藤原監督が怒ったり、良い・悪いと言うわけではありません。ただ、何か言うと藤原監督に「それはどんなこと？」とか「それは何を示しているの？」などと突っ込まれるわけです。そうなると、頭は休んでいる暇がありません。

選手たちには、正解がないことを考える、つまり仮説を立てて結果を検証して、また新たな仮説を立てるということを繰り返させました。

失敗しても構わない。ただ、常に試みて、失敗したら違うアプローチにする。これが自分でできるように習慣化させるのです。

「いい仕事ミーティング」でポジティブを保つ

藤原

２０２０年はミーティングがとてもポジティブなものになりました。「いい仕事ミーティング」を行ったためです（「いい仕事ミーティング」とは何かについては、このあと布施先生に解説していただきます）。

この「いい仕事ミーティング」を、試合が終わった後の食後に毎回行います。その結果、ミーティングがとても明るくなりました。

まだ試合の記憶が鮮明なうちに、ポジティブなことを話し合うのです。

通常、試合後のミーティングというのは、課題を見つけて解決策を探るというスタイルになりますので、プレーのミスや戦略的なミスなどを指摘し合って、ネガティブな話し合いになります。悪いところを探し合うわけです。雰囲気も険悪になったり悲壮感が漂ったりしがちですよね。

ところが今年は、ミーティングをポジティブにしました。それが「いい仕事ミーティング」です。

布施

桐蔭学園ではミーティングを非常に重視しているのですが、花園に向けたミーティングは他のミーティングとは様子が変わっています。

通常のミーティングでは、秋までに皆がどれだけ伸びることができるかということをベースのテーマとしています。しかし花園に向けたミーティングでは、あと十数日でこのチームが終わるという状況で行いますので、できることをやるしかない、という削ぎ落とすためのミーティングになります。

ところがコロナ禍では削ぎ落としようがない状況でしたので、心理的安全性を作るために「いい仕事ミーティング」をやろう、ということにしました。

「いい仕事」とは何か。トライしたとかキックが入ったというのは誰が見てもわかりやすい「いい仕事」です。しかしそれ以外にもあるよね、ということです。

たとえばある選手が「今日は調子が悪いです」と言う。それに対してキャプテンが「とにかくボールをもらいに来てよ。それを最低目標で書いているんだから、それをやればいい」とアドバイスしたんですね。するとこのことを他の選手が「さっきのあの姿勢は良かったね」と評価しました。

また、あるとき試合中に一年生のウイングの選手が外に弾き飛ばされて最後にトライを決められなかったことがありました。このときに青木選手が言ったんですね。「まぁ、こんなもんだ。次、もう一回ボール回してやるから頑張れ」と。この言葉は良かったね、と皆が評価しました。

あるいは、チームが集まっているとき、その場の雰囲気を良くしたことを評価してもいいのです。

このように、どのような仕事がチームに貢献したのか。誰でもできる「いい仕事」はいっぱいあるじゃないか、ということを皆で探して発表させたのです。

このような「いい仕事ミーティング」を行う目的は、各選手にはそれぞれの役割性格があり、結果として上手くできたこと以外にも「いい仕事」をしていることを、皆が常に探している状態にしたかったためです。

そしてこの「いい仕事」というのはチームによって異なってきます。桐蔭学園と別の高校とでは「いい仕事」の文化が異なる。ただ安易に「いい」「いい」と言いあう仲良しグループ的なものとは全く意味あいが異なります。

逆転トライしたら、それは誰が見ても「いい仕事」です。しかしそれ以外にも知られざる「いい仕事」を誰かが行ってチームに貢献している。あるいは試合以外でも練習中やミーティング、さらには食事中にも「いい仕事」をしている選手がいる。何が桐蔭にとって「いい仕事」かを皆で探すようにして共通理解を深めることが、心理的安全につながります。

主体性がなければスポーツは楽しくない

藤原

コロナ禍のような状況に入ると、「選手たちのモチベーションをいかに維持しているのか？」と尋ねられることがあります。

しかし、我々のチームではモチベーションの話をすることはありません。熱量がないなら来なくてもいいよ、と言ってしまいます。

選手たちは別に仕事でラグビーをやっているわけではありません。プロスポーツではない。好きでやっているわけです。そして試合に出て活躍したいと思っていれば、自ら時間を作って努力しますので、私がわざわざモチベーションを高めようとする必要はありません。

ただ、日々の練習に夢中になっていると、小さな技術的なことばかりに目が行ってしまい、視野が狭くなってしまいます。そして思ったほど成長していないと感じ始めて嫌になってしまうことがあります。

そこで、常に大きな目標を忘れないようにはさせています。大きな目標をブレイクダウンして簡単な課題や練習にする。すると一週間なり10日なりすると少しは成長していることを感じられる。そうすると熱量が下がらない。

同様にチームワークという言葉も使うことがありません。大きな目標をブレイクダウンしていけば、自ずと各自がチームに貢献できる方法が見つかるからです。ただ、コロナ禍で試合がないと、テンションが下がるということはあったと思います。

夏に、ある二年生が重い病気にかかりました。幸運にも回復したのですが、このような選手が朝一番に練習場に来て準備しているんですよ。しかも花園の直前に足を怪我してしまった。そして治ったと思って出場したら、今度は逆の足を怪我してしまった。それでも結局は最後に試合に出ていた。彼は特別に身体が大きいわけでもありません。

こんな選手がいると、二年生も一年生も、頑張って努力している選手はきちんと評価されるとわかります。

それとチームの積み重ねです。毎年三年生が出ていれば、モチベーションは上がります。逆に一年生や二年生ばかりがたくさん出ているチームは強くありません。チームとしての重みが違うんですよ。

頑張れば評価されるチームという重みです。

布施

大事なことは、与えられた課題にばかり取り組むのではなく、自分たちで課題を見つける能力を身につけることです。そのような主体性がないと、ラグビーに限らずスポーツは楽しくなくなると思います。

ただ、主体性を持ってやるということは、失敗にも向き合うことです。そしてその失敗に向き合うことは結果ではなく、データを得ることです。そのデータから仮説を立てていくのです。

結果というと重たい印象を持ってしまいますが、データだと言えば、それは仮説を立てて次に何をすべきかを考えるための材料に過ぎません。

自分の課題は何か、自分は何ができるのか、優先順位は何か、ということを自分で考えるというのは、社会に出てからも必要な能力です。科学・学問の世界では一回で成功などそうあることではなく、限りない失敗の後に成功をつかむわけですが、その際、失敗は「それではなかった」という大切なデータです。

ただ、段階として、入部してきたばかりの一年生はまだ何もわかりませんから、言われてからやるというのは仕方ないですね。それでも徐々に主体性を持てるように変わっていきます。

また、この段階で止まってもいけません。藤原監督がよく、「お前にとって必要なことは、他の人にとって必要なこととは違うからな」と言います。この言葉の意味がわかってくると、次の段階として「自分がやりたいからやる」に変わります。

この段階になれば、練習でも何でも自ら工夫をするようになります。そして楽しくなってくる。これが、「どうやってモチベーションを維持しているのか？」に対する答えになりますね。

まだ言われて動いている一年生から見ると、先輩たちは大変そうなことを実に楽しそうに自らやっている。すると自分たちも主体的に楽しもうという気持ちになります。

ですから、藤原監督も僕も、選手たちに何も強制はしません。みんな、主体的に考えて動いています。

壁にぶつかる「タイミング」

藤原

コロナ禍において、チームのターニングポイントになったのは、秋の大会に向けて最後の基礎作りとして行った夏合宿です。

夏合宿は例年であれば7月の下旬と8月の中旬の二回行うのですが、一回しかできませんでした。また、期間も7泊8日から6泊7日に短縮せざるを得ませんでした。

この合宿のとき、他にもいくつかのチームが来る予定があったのですが、どのチームも軒並みキャンセルになってしまい、唯一東福岡高校だけが来ました。それで一試合だけ行うことになりました。

結果的には、東福岡高校の堅い試合運びの前に、我々が負けました。

その中で、佐藤キャプテン一人だけが頑張らなければと空回りしてしまった。しかも決定的なパスミスをしてしまいました。そのパスが決まっていれば勝てたという重要なパスです。このとき、周りの選手たちはいつも通りにプレーしていましたが、これほど失敗した試合は今までになかった、という程の負け方でした。

しかしその日、私はあえて何も言いませんでした。代わりに布施先生が3時間もお話しをされた。フォワードのコーチもずいぶんと心配されていました。

普段からキャプテンにはキャプテンとしての役割性格があると言い聞かせてきましたから、彼はみんなの前では威厳を保とうとしていましたが、内心は相当凹んでいたと思います。

しかし私は密かに、「これはいいぞ」と思っていました。彼はこれまで順調に来ていたので、この辺りで壁にぶつかるタイミングが必要だと思っていたのです。

ですから、私は特に何も言いませんでした。その代わりに布施先生にお願いしたら、「待ってました」とばかりに話をしてくださったのです。

布施

キャプテンの佐藤選手は一年生のときから順調に成長してきました。彼は役割性格を理解していましたので、僕と二人で話をしているときは彼オリジナルの性格のときもありますが、チームではキャプテンとして振る舞っていました。

ところが彼は気づいたのですね。何でも自分でできてしまうからやってしまう。その結果、周りに次のリーダーたちが育っていなかったと。リーダーたちが育っていないから、いつまでも自分一人でやらなければならない。

そこで彼は挑戦したのです。周りにリーダーを作るように動いてみようと。ところが具体的にどうしたら良いのかわからないと言います。それで僕は「誰がどうなって、どういうチームにしたいの？」とじっくり時間をかけ、丁寧に聞いて話し合いました。

すると彼の中で構想ができあがったようで、すぐにバックスのリーダーやフォワードのリーダーたちに話をしたようです。自分の考えを伝えてみたのですね。

もう夏の合宿だというのに周りのリーダーが育っていない。そんな葛藤を抱えつつ、自分に能力があったばかりに中途半端に動いてしまった。

それで失敗したのでしょう。

しかしこのことが彼にとってもチームにとってもターニングポイントになりました。佐藤選手は、ある程度は自分でできてしまうため周りを巻き込むことができていなかった。

僕がこのような話をしてから藤原監督が戦術やプレーの話をすると、整理ができて他の選手と話を始めることができたようです。

藤原監督も、「僕らがコントロールしてはいけない」と言います。僕も、武器や視点を渡してあげるだけです。

しかし、彼らが挑戦した瞬間を見逃してはいけません。その瞬間には「おまえ、いいチャレンジしているぞ」と声をかけてあげなければならない。

試合を楽しんでいるか

藤原

結局、この年は秋試合までにわずか三試合しかできませんでした。例年の十分の一以下です。そのため、これで大丈夫なのか、という不安は募っていきました。そこで仮説作りやシミュレーションを盛んに行いました。キーとなる選手が出られなくなったらどうするのかなどです。

実際、準決勝で佐藤選手が出られなくなりました。コロナ禍で大学受験の予定がずれたためです。しかしそれも想定内です。

11月の第三週の日曜日までにここまでやるぞ、と逆算していたことが例年通りできていませんでしたが、それでも県予選で勝つための準備はできていたと思っていました。

ところが苦しい試合になってしまいました。我々にとってそこまで難しい試合ではないはずでした。しかし、相手も相当に強かった。うまくチームの力をピークに持ってきていましたね。ちょっとしたところで一本トライを決められてしまい、行けるだろうと思っていたところで3点も取られてしまった。

先に三本トライを取っておかなければならないところで逆に取られてしまう。ラグビーという球技は得点を取るスポーツだという最も初歩的なことを度外視してしまったのです。十分な試合をしてこなかったために、そんな初歩的なことを忘れて冷静な判断ができなくなっていました。

最初の10分でずっと二本取っていましたが、これは意外と良いスタートではないのです。三本目を取れれば良い流れができると思っていたら、キックオフからノーホイッスルで点を取られてしまった。最悪のパターンです。これは相当に苦戦するぞ、と予想できました。

また、この試合では、私のミスもありました。メンバー構成ミスです。たとえばフォワードの使い方がワンパターンに陥ってしまいました。引き出しがあるのに使えていなかったのです。

これがもっと試合をしていれば、あの手この手と繰り出せたのでしょうけれども、表の戦い方しかできていない。裏を出せないのです。

それでも結果的には予選を勝ち抜きました。コンディション作りもまあまあ上手く行きました。

予選終了後には四校と合同練習試合を行いました。

中でも対戦相手の大阪の常翔学園高校が、とても楽しそうに試合をしていた一方で、我々のチームはただラグビーをやっていた感じです。それで試合後に「今日は何が違った？」と質問したら、キャプテンが「相手が試合中楽しそうでした」と答えました。それでは「なぜ、楽しめていたのか」ということを掘り下げようという話になりました。

布施

僕は、選手たちが「相手が試合を楽しんでいた」と感じ取れたことに驚きました。このことを楽しそうに一生懸命話してくれました。しかも、いわゆる表面的な話ではなく「大阪の常翔学園は関東のチームと全然違うんです。いろんなことをしてくるし、試合中に話しかけてきたり、やられてもしゃべっていたり、スクラムの強さの意味も違うんですよ」といった具合です。

戦いは厳しかったはずなのに相手の強さ、良さを感じられ、「自分たちも」という意識がこちらにも伝わってきて、「うちの選手たちの感度も高まっているな」と感じました。

藤原監督も「久しぶりに楽しかった。これが原点だろう」と言っていましたね。

そしてこの試合で刺激を受けていなければ、我々のチームも後の試合で勝てなかったと思います。本当にいろいろな手を繰り出し合えた楽しい試合でした。

試合前のミーティング

藤原

全国大会に向けて一回戦から戦うことは今年が初めてでした。初戦は茗溪学園高校。相手の調子が良い状態だとは知っていました。

しかし我々は試合のイメージがつかめていたので、ポイントを押さえた練習ができていました。そして実際にイメージ通りの試合となっています。初戦で良い滑り出しをしたと感じました。

例年ですと、我々のチームは二回戦から参戦するので、いきなり強豪とぶつかって苦戦したりするのです。それに比べれば良い滑り出しでした。

とはいえ、茗溪学園高校も相当に自信を持って臨んでいます。ですから我々も少しでも気を緩めれば負けるという緊張感を持っていました。ミーティングも花園の本番モードでしっかりと行いました。まだ始まったばかりだというのに、「このペースで持つのか？」と思うほど力を入れています。

特に試合前のミーティングでは緊張度も高いので、布施先生にもいろいろなテーマを用意していただき、早めに始めていただくこともありました。

また、選手が主体のミーティングも行います。明日の試合に対してどのように戦うのかについて戦術的なテーマを決めたり、最高目標と最低目標を決めたりします。戦い方についてもかなり具体的に詰めます。

布施

ミーティングのテーマはそのときどきに感じたことを取り上げていました。練習を見て感じたことや、藤原監督やコーチ陣との会話から得られた情報などから考えていました。

あとは緊急事態に対応した小グループでのミーティングです。たとえば前述したようにイップス気味の選手が出てしまったときは「チームフッカー」でいろいろなテーマを話しました。今回はハーフ団の9番、10番が一番試合経験が少ない選手がつくと、「ハーフ団ミーティング」でディスカッションして頭を整理しておくのですが、それでも撃沈してしまうことがあります。出た選手も出なかった選手も皆で、その場面を自分事として「見える化」してもっと掘り下げた仮説をつくりました。

　このようにレギュラーミーティングと緊急ミーティングを毎日二時間ずつくらい行っていました。

　ミーティングで最も重点的に話したのは「事前に話し合っていたように各人が動かなかった理由」を確認し合うことでした。選手により理由が異なるのです。それらを整理してアウトプットさせる。このときに自己評価したことについて、自分だけではなく、他の選手たちとも理解し合っておく。そうすると、たとえミスがあっても、「あいつはこうしようと思ったんだよな」とわかり合えるようになります。

　ところで桐蔭学園のチームでは、ミーティングでキャプテンの意見がそのまま通るとは限りません。「明日の試合はこれでいくぞ！」「おー！」とはならないのです。

普通に「なんで？」「いや、こんな方法もあるよ」と反論されたり別のアイデアを出されたりします。

特に10番については、前の代が伊藤大祐選手という実に引き出しの多い選手だったので、みんなそれに慣れてしまっていて求めるレベルが高かったのでしょう。それで次の代の10番の意見が出ると、みんなが「なんで？」という反応をするので苦労していました。

「抽象的な楽観論」が出たら注意

藤原　ミーティングでは反論ばかりでなく、フォローし合う場面も多いですね。誰かの意見がみんなに反論されて一人で頑張っている状態になると、「いや、彼が言っているのは実はこういう意味で言っているんだ」というように助け船を出す選手が出てきます。

足りないところを他の選手が補足してあげるのです。誰か一人が一方的に追い詰められるようなことはありません。トップダウンで決めつけない、足りないところは補い合う。それが自然とできています。

このようにみんなで戦術を話し合うということを大会期間中ずっとやっているの

です。

もちろん、ミーティング中に私が思うところもあります。しかし私が「今度の対戦相手を分析したところこうだから、こう戦いなさい」と指示できるほどスポーツは単純ではありません。対戦相手にしても我々と戦うときには戦術を変えてきます。たくさんの引き出しを持っているわけですから。

そこで「自分たちの強みや弱みは何か？」と原点に帰らせることも大切です。その上で自分たちが考え抜く。これができないと試合の前半と後半で戦い方を変えられるような柔軟性を持てません。Ａという作戦しか考えていなかったら、それが前半で通用しなくても後半でもＡで押し通そうとしてしまいます。臨機応変さがなくなるのですね。

だからとにかく考えさせます。選手たちも懸命に考えて話し合います。６時間以上経っていることもあります。時には私が「フィジカルコンディションも大切だから、もう寝ろ」と注意せねばならないほどです。

その結果、「見えている図が同じ」状態になります。そしてこのことが、試合を楽しくします。苦しい試合になっても、みんなは試合を楽しんでいますよ。

ここまで準備していれば、たとえ負けたとしても、それは「失敗」ではありません。試合の多くはハーフタイムの様子でわかります。「いける、いける」などと抽象的なことを言っている試合は大体ダメですね。ところが「後ろも空いているし、このスペースがあるから次はこっちへ行こう」などといった具体的な話が出ているときは勝つときです。仮説が立てられて実行しているときです。試合をしながらデータを取れているわけです。

布施　ミーティングには「対戦相手によっては、目線を下げつつも絶対に勝ちに行かなければならない」というラグビーならではの難しい局面があります。藤原監督はこの点が上手です。

たとえば藤原監督がミーティングを止めることがあります。強豪との試合が続いた後に、ふっといけそうだと選手が勝手に考えてしまう対戦相手との試合直前になると、「軽くいけちゃうんじゃない？」という雰囲気になることがあります。このようなとき、藤原監督は「それでいいのか？」と珍しく声を掛けるのです。

別の代のチームの頃、ある全国トップクラスの強豪校と対戦しました。

このチームに快勝できたため、２日後の別の高校との試合に対してチームの気が緩んでしまった。

本来ならＢチームでも勝てるところを藤原監督はメンバーを変えませんでした。このとき彼は、スライドを使ってプレゼンテーションを行いました。

そこで語られたのは、「ちゃんと対戦相手のことを知りなさい、リスペクトしなさい」ということです。その高校がどのような学校なのかを説明し、このチームは文武両道で常に全力を尽くしてきたチームであること。だから「何かあるぞ」と言います。

「おまえら、よくリスペクトするって言ってるけど、本当はできてないだろ？ちゃんと対戦相手の本質を知るようにしないとな」

ラグビーでリスペクトするというのは難しいときもあります。自分たちの方が強いと思っているためです。ところが藤原監督が言うように、対戦相手も決して諦めない選手たちです。最後までどんな引き出しを出してくるかわかりません。こちらの気が緩んだ瞬間に何が起きるかわからない。

「基本」を掘り下げ続ける

藤原

桐蔭学園が花園で連覇した後、多くの方からその勝因について尋ねられました。ここで改めて振り返ってみると、新しい戦術や練習方法を取り入れたりしたこともあるかもしれませんが、やはり布施先生にご協力いただきながらミーティングを重ねて試合について掘り下げていったことが最も大きいでしょう。

掘り下げたということは、決して奇をてらった作戦を練ったなどということではなく、むしろ基本に戻る作業だったと思います。ラグビーのおもしろさから自分たちの強みや弱み、対戦相手のことなどを深く掘り下げ続けました。

この作業を行わなかったら、チームは伸びなかったでしょうね。テクニックやウェイトばかりに走らなくて済みました。コロナ禍で試合ができない中でも浮き足立たずに済んだのは、常に基本を押さえていたからだと思います。

布施

藤原監督がおっしゃる通り、ミーティングにはかなり注力していました。ですからキャプテンも選手たちに常に次のように言っていました。

「準備していないのなら、ミーティングには来なくていい」

そしてまだミーティングの重みがわかっていないような一、二年生に対しては、

「お前たちには来年や再来年があるけど、俺らには今年しかないんだ。だから真剣なんだよ」とも言っていましたね。

それぐらいミーティングには力を入れていました。

ミーティングの準備も曖昧なものではダメです。きちんと各自がノートに書いてくる。もし準備を怠って何も発言できないでいると、「ただ座っているだけって何なの？　もう、帰っていいよ。部屋に戻れば」と突き放していました。

この姿勢は社会に出ても問われますよね。会社の会議やクライアントとの打ち合わせで、座っているだけなら必要のない人物だと判断されるかもしれません。当事者意識がないならいらないと。

ですから、真摯にミーティングに取り組んできた姿勢は、彼らが社会に出た後も、必ず役に立つはずです。

付　　録

歴代キャプテンに聞く
桐蔭学園、強さの秘密

卒業生インタビュー

とことん掘り下げて「考える力」が身についた

50期キャプテン
齋藤直人 選手

２０１４年の神奈川県予選決勝時は二年生。その後キャプテンを務める。早稲田大学ラグビー蹴球部を経て、現在サントリーサンゴリアス所属。

「考える」トレーニングを行うミーティング

神奈川県予選決勝で慶應義塾高校に負けた後の、布施先生のファーストミーティングは衝撃的でした。

負けたことは悔しかったし、藤原監督から「自分たちの世代で今後の桐蔭ラグビー部の運命が決まるぞ」と言われたこともあって、責任重大だな、大変だなと思っていました。

布施先生からの質問に答えたつもりなのですが、「それじゃ伝わらないな」と言われて困りました。聞かれたことを答えるには、考えなくちゃいけないんですよね。

それもキャプテンだから考えて答えるというのではなく、全員が考えて発言しなくちゃいけないんです。そうするとみんなからいろいろな意見が出てくるので、それを聞いているうちに「考える幅」が広がったように思います。

この「考えること」が、トレーニングの中に組み込まれていたような感じです。提示されたトレーニングより、自分たちで何が必要なのかを考えた上でやるトレーニングは、より力になったように思います。

また、意識することをひとつのキーワードにすることを教わりました。たとえば、みんなで「ウォッシュアウト」というキーワードを決めてグラウンドに出て使っていました。やらかしてしまった失敗をいつまでも考えていてプレーがうまくいっていないときなどは、これによって自分達がコントロールできないことをいつまでも意識するより、早く洗い流してやるべきことを意識することができました。短いキーワードで共通認識を持てることも衝撃的でした。

「逆算して考えること」と「自分ノート」

布施先生のミーティングで印象的だったのは、どんどん話を掘り下げて「逆算して考える」ことです。

たとえば、

布施先生「勝つ選手になるなら、どういう選手になりたい？」
齋藤選手「常に80％以上の力を出せる選手になりたい」
布施先生「そのためにはどういうことをやればいい？」
齋藤選手「自分に必要なことは何かを考えます。パスならパスのスピードを上げるためには何が必要かを考えて取り組みます」

このような会話です。

ゴールを設定することも布施先生から教えていただきました。自分のゴールに近づくために何が必要なのか、それがいくつも出てきます。そこからまた掘り下げていきます。様々な観点から必要な要素を細かくカテゴライズし、また掘り下げていくとクリアすべきゴールが何個も出てくると考えます。

この考え方は、うまくなりたいと思っているけど、何をしたらいいかわからない人が絶対にやったほうがいいと思います。やるべきことが明確になって、わかりやすいので。

また、これも布施先生からのアドバイスですが、頭の中を整理するために「自分ノート」を書いています。ミーティング中も、試合前も頭の整理をするために書きます。「アタック面」「ディフェンス面」「チームに対して気をつけること」の三つの観点で書き出し、その中から絶対にできる目標をインプットして試合に臨むようにしています。

また「うまくいかないな」と思うことも書きます。不安を取り払うためには、何を、どうするかを書くことでやるべきことが明確になって、不安も軽減されるし、焦ることもなくなるんですよね。

他にも大きい目標や小さい目標も書いていて、習慣化される感じです。このノートは、自分はどんなことに気をつけていたのか、チームのことも書いてあるので、シーズンが終わったりした後に見返しています。

「考えるチーム＝引き出しが多いチーム」が強くなる

桐蔭学園では、練習内容は提示されますが、監督がなぜその練習を提示したのかという意図を考えて、そのために何が必要かをすごく意識しましたね。

パスの練習なら、その動きやタイミングの練習など、一つひとつの練習の意図を三年生中心に考えながら、その練習に沿ったコミュニケーションをとるようになりました。

こうやって考えることで引き出しが多くなったように思います。何かひとつの強みを持つやり方もあると思いますが、たとえばその自分たちの強みを相手に対策されて通用しなくなったときには、対応できないかもしれないですよね。でも引き出しが多いと、別の強みで戦えるし、相手の対応を上回ることだってできる。

想定したこと以外に対応するためには引き出しが必要で、いろいろな引き出しを持つ選手が多いことがチームの強さにもつながるのではないかと思います。そのために、一人ひとりが考えて、成長する意欲をもって、その技術に対して取り組むことが必要なんじゃないかなと思います。

桐蔭学園でよく言われていたのは、矢印を自分に向けること。布施先生のミーティングに関わったことで「自分がどうなりたいか」を掘り下げて逆算し、何が必要か矢印を絞りながら、自分が率先して進む。そういった態度を示せる人になりたいと思うようになりました。人に何かを言うより、「自分に厳しい」人になりたいと思っています。

卒業生インタビュー

「演じる」ことで、不安を乗り越えた

53期キャプテン
小西泰聖 選手

２０１９年53期のキャプテンを務め花園では準優勝。現在、早稲田大学ラグビー蹴球部に所属。

「民主的なキャプテン」と呼ばれて

今までにもキャプテン経験はありましたが、今までよりも大きくて伝統があるチームで、さらに部員数も多いので、責任の重さを感じました。

キャプテンになる前は、周りについて行こうとか、自分のできる良いプレーをやろうと考えていました。キャプテンになってからは、それは当然のことで、それ以外の部分、プレーでもそうだし、言葉でもチームを引っ張っていけるように頑張ったのが、キャプテンとしての一年だったと思っています。

キャプテンになってこのチームで意識したのは、良いところは受け継ぐこと。悪いところは修正するというより、また新しく自分たちでチームを作るというか、自分たちらしさを見つけて、それに基づいて作っていくということを意識しました。ミーティングは、自分が言葉不足なので周りに頼ったというか、周りに意見を求めたら、それがうまく作用したというだけです。逆に僕から言わせれば、よく僕をキャプテンにしたなという感じです。ミーティングに関しては、周りに感謝しなきゃいけないですね。

結局、意見をもっていてポンと発言できるのは、チームの中でも地位の高い人で、それに対してどう思っているかというのは、当然後輩は言いにくいですよね。そこをうまくコントロールするのがキャプテンとしての役割だと思いました。

自分から言えないから、逆にこちらから当てて、発言してもらいました。そうするとやっぱり意見が出てくるので。それが結果的に「民主的なキャプテン」と言われたところだと思います。

わりきって「演じる」ことの重要性

一年を通して会心の試合というか「今日の試合良かったね」みたいな試合はなくて、スタッフからも毎試合終わるごとに「今日はここが良くなかった」という課題が毎回与えられていました。選抜で優勝した後にもそれがあって。それは逆に考えれば、優勝したにもかかわらず課題が出されるってことは、このチームはまだ伸びるんだということを僕は感じていて「スゲーじゃん。このチーム！」と思っていました(笑)。

それを実現させるために、このチームはまだ強くなれると強く信じながら、ラグビーのスキルもミーティングも工夫することを重ねてきました。チームの最終ゴールは花園優勝ということだったので、それに対して一個ずつ階段を上がって行ったという感じです。

個人的には、花園の期間中に想定外の不調もありました。今、その試合は見られないです。家で親が見るために（映像を）流しても、すぐ部屋からいなくなるというか、怖くて見られないんです。大会期間中は、切り替えて次の試合を待っていたので、頭の中から消し去ったんですけど。

試合が終わったあとに三年生からも、「大丈夫だよ」「お前が駄目でも、そのために俺いるから」みたいに言われていましたが、言われることさえも悔しかったですね。本当は逆の立場なのに、そう言われたのは悔しかったです。ただ、やるしかないので、ミーティングの時間までに本気で次の試合の分析をして、ミーティングでも何事もなかったかのようにしゃべりました。自分の中では演じてましたね。演じた結果、うまく切り替えられたと思います。

結局リーダーなので。普通の選手だったら十分悔しがる時間はあるんですけど、ミーティングもあるし、次の試合もあるし、しゃべる場面もあるしというところで、弱気になっていたらチームの士気も下がります。悔しいのはあるんですけど、次の試合に向けて演じてましたね。

自分たちの代（53期）の花園は特にそうだったんですけど、内心ヤバいと思っている選手が何人かいる中で、「大丈夫でしょ」みたいなポーカーフェイスの選手が何人かいました。それで一年生や初めて花園に出る選手は、「こういうピンチも当たり前なんだな」と思えたはずです。そこから逆転して波に乗ったということがあるので、そういう演じるという要素は必要だなと思いますね。

桐蔭学園で学んだこと

桐蔭学園のキャプテンになって学んだことは、個人的には「演じる」ということです。不安なことも多かった中で、それを表に出してはいけないということ、表に出してもチームが変わるわけではないというのがあります。

よく他の三年生は「小西が引っ張ってくれた」みたいなことを言うんですけど、内心は本当に不安で、自信もありませんでした。そこで何回も布施先生に相談して「演じるしかないんだな」と割り切って演じていました。

あとは、自分で考える力というか、「想像する」という力を養ってくれたこと。藤原監督はいつもヒントしかくれない。そのゴールがわからなくて。でもそのゴールに対して自分なりの工夫をして、道筋が離れるときもあるけど、どうにかして近づいていく、近づけるように頑張っていく力を与えてくれました。それが身についたのは、桐蔭学園だからこそだと思います。

卒業生インタビュー

話し下手が「周りの意見を引き出す達人」に

54期キャプテン
伊藤大祐 選手
2019年第99回花園で初の単独優勝を収めた際のキャプテンを務める。現在、早稲田大学ラグビー蹴球部に所属。

本来しゃべらない自分が「キャラ変」

キャプテンになりたてのころのミーティングはすごく苦労しましたね。僕が話すと自分中心になりすぎてしまうこともあったし、逆にみんなの意見が出すぎてまとまらないときもあったりして、どう行動したらよいのかすごく悩みました。プレー以外でいろいろな経験をしたおかげで、中立的な立場をとれるようになって、そこからミーティングがすごく良くなったように感じます。

また、ミーティングをうまく進めるためには、自分のプレーに波があってはいけないと思っていました。僕が一番安定感を保つべきだと。だから三年間で一番丁寧に練習しましたね。

本来の僕は周りのことをあまり気にしない性格です。あまり話はしません。一、二年生のころのあまり会話をしないのが本当の僕です。でも三年生でキャプテンになったら立場上そういうわけにもいかないので、意識的に変えました。

「みんなの意見を聞こう」「みんなの意見でミーティングを進めよう。そのための発言をしよう」と意識したのですから、もうキャラ変ですよね。でもそれが必要だと思っていました。今振り返ると、それをみんなのためにやっていると思っていたけど、案外自分のためになっていたなと思います。

みんなの意見を引き出すキャプテンに

最初のころは、プレーで見せてから「みんなもやってみよう」というタイプでしたが、途中でプレーだけじゃだめだなと気づきました。他のやり方があるんじゃないかと思い出してから、もっと周りの人の意見を聞くようになりました。最終的には一人ひとりが考えていることを引きだそうと頑張りました。チームのみんなの意見を統一して、最後にまとめてあげる役目みたいな感じです。自分の意見があっても、自分と同じ意見をもってそうな人に話をふってミーティングが進むようにして、あまり「自分が自分が」とならないようにしていました。

それでも自分の意見を言いたくなることもあるんですよね。みんなに話してもらって決めていくと、自分のプランではない戦略もあるんです。そこをあえて試合でやってみたりしました。こういうことを経験したら、みんなの思っていることもわかってきて、僕だけじゃなくて、選手同士で想い合うようになってきました。誰かの意見を聞いているだけじゃない、全員がちゃんと参加しているミーティングになったような感じです。だから花園に入ってからはプレーでの信頼度が増したのでよかったと思っています。

不安を共有し、対策を立てる

他のチームからしたら「何をしゃべっているんだ？」と言われそうだったのが、ミーティング時間の長さ。小分けにして2時間ずつを三回で計6時間なんですけど、これは「不安なことを不安にしたまま試合をしたくない」という思いで話していて、全部を開示して試合に臨むことにしていたら、このくらいの時間になったんですよね。これが自分たちのスタイルでした。このおかげで試合中もどんなシーンでも不安にならずにプレーができていましたから。

「もしこうなったら、こう動く」のようなことは、言わなくてもわかる選手もいると思うんですけど、言わないとわからない選手だっている。だからミーティングで話しておくんです。そう考えると、桐蔭の選手は試合中もミーティングのときに話した内容を意識してプレーしていたことがよかったのかなと思います。

言葉にすることで、やることが明確化する

桐蔭学園は布施先生のスポーツ心理学の考えを取り入れたミーティングをしています。なにかやるごとに、一つひとつをキーワード化したり、「テーマ」を決めたりすることができてよかったと思っています。

「最低目標・最高目標」なども、言葉にすることで、しなければならないことが

明確になるんです。「一生懸命やれ」だけでやれるチームもあると思います。でも、桐蔭学園のように、最低目標などをキーワード化することで、「何をがんばるのか」がはっきりしますし、効率の悪い部分が明確になります。たとえば試合のとき、勝つためには何をすればいいのかがわかるようになるので、プレーに迷いがなくなります。それは練習のときから常に最低目標を言語化することで、試合でも使えるようになるのだと思います。

また「テーマ」を取り入れたこともよかったですね。監督がテーマを作って試合に臨むチームはあるかもしれないけど、選手自らテーマを作ることはあまりないかもしれません。

桐蔭学園では、みんな大きなテーマを持っていたと思います。たとえば試合で「一対一で勝負しよう」というテーマだったら、一対一に持って行くまでにどうするかを話し合う。その日の試合で一番のキーポイントをあげて、自分たちの芯の中にあるテーマをあげて話し合ってきました。何をするかがわかっていても、改めてテーマとして確認することで、みんながきちんと意識できるし、プレーの面でも反映されていたと思います。

「修正力が強い」と言われる理由も、一年生のときから、目標を何度も言語化してクリアにしてきたことや、ミーティングでこれがダメだったら次のものに切り替えるという意識があるからこそだと思います。

おわりに

あの日、藤原秀之先生にお電話をいただいてから、あっという間の6年間だったという気がしています。最初に出会った選手たちが、今やトップリーグの試合に出ています。このところ、クリスマス頃にはスポーツ心理学の本の山にパソコン、桐蔭学園ラグビー部のウェアなどを一式大阪のホテルに送り、年末年始を花園で過ごすのが恒例になりました。

私のようなスポーツ心理学者は、アメリカに行けばマイナーリーグのチームにも在籍しているのですが、日本ではまだまだ知られていません。そんな中、桐蔭学園ラグビー部ではコンスタントなトレーニング、大会への同行など時代の先を行く導入が行われています。まさに進取の気性です。私自身桐蔭でトレーニングをしていく中で、スポーツ心理学者としてブラッシュアップできたことがいくつもあります。高校生アスリートにもわかるスキームで、理論を組み合わせ「緊張と付き合う方法」や「流れをとり戻すための方法」などを工夫して作ることもできました。

この状況が生まれた背景には、チーム文化が大きく影響していたと思っています。桐蔭では私がトレーニングに伺うと、前回トレーニングしたことはすでに練習に活かされていて、チームスタンダードになっています。スタッフの皆さんや選手たちが私の伝えた内容を咀嚼し、自分たちの言語にして練習に落としこんでいるのです。また練習や試合にも「どうぞ来てください」と仰っていただき、学ぶ気満々なので、皆さんと話しながら、私もさらに使い方の〝きも〟を伝えられます。

この度、様々なリーダーが育つ桐蔭学園ラグビー部のトレーニング内容を出版する機会をいただきましたが、スポーツ心理学が少しでも選手やチームの助けとなり、ライフスキルを身につけた選手が育っていくことを願っています。

今回の出版に際し、辛抱強くご対応くださった構成の角田尚子さん、大和書房の林陽一さんに感謝申し上げます。

最後に、公の場で自チームへの賛美がしづらい藤原先生に代わり、藤原先生が大事にされている素晴らしいラグビー部スタッフの方々をご紹介いたします。

大学時代から藤原監督の盟友であり信念の人、金子俊哉先生（ＦＷコーチ）、選手やスタッフの「いつも通り」を優秀なマネジメントスキルで作る福本剛コーチ、にこにこ優しい笑顔で手際よく治療し信頼感抜群の宮田庸チームドクター、コロナ以前からマスク着用を義務づけ健康を守ってきた中澤暁雄チームドクター、温かく包み込むような人間性を発揮しながら厳しいトレーニングを実施する須賀孝弘コーチ（現横河武蔵野アルテミ・スターズ）、強面ながらその優しさで選手に大人気の前田励文さん、独自の視点を持つ浜中健次さんのストレングスコーチ陣、花園期間中メンバーに入れなかった選手を心から励まし、日本一の応援団を築き上げる坂詰洋平先生、そして選手たちが兄のように慕う吉井瑠央トレーナーという信頼できるメンバーです。

布施努

本書に記載のある大会成績、所属などの情報は２０２１年4月現在のものです。

藤原秀之（ふじわら・ひでゆき）
桐蔭学園ラグビー部監督。大東文化大学第一高等学校ではウイングとして全国制覇を経験。日本体育大学を卒業後、ラグビー部コーチを経て、2002年に監督に就任。「意志あるところ必ず道あり」をポリシーに、常に新しい指導法を模索する。全国高校ラグビー大会（花園）優勝3回、準優勝5回、新人戦19連覇など、桐蔭学園を"東の横綱"と呼ばれるまでに成長させる。第100回全国高校ラグビー大会では、史上9校目の連覇を果たし、その手腕に注目が集まる。2015年から本格的にスポーツ心理学博士・布施努氏をチームに迎え入れ、タッグを組む。

布施努（ふせ・つとむ）
スポーツ心理学博士。（株）Tsutomu FUSE Ph.D. Sport Psychology Services代表取締役。NPO法人ライフスキル育成協会代表。早稲田実業学校高等部、慶應義塾大学卒業。住友商事にて14年のビジネス経験を経た後、渡米。ノースカロライナ大学グリーンズボロ校で博士号(Ph.D.)を取得。帰国後、日本陸上競技連盟、早稲田大学ラグビー蹴球部、社会人野球日本代表などオリンピック選手、プロ選手を数々指導。企業の組織パフォーマンス向上などビジネスから開発、教育に至る幅広い分野でもコンサルティング、トレーニングを実施している。現在は慶應義塾大学スポーツ医学研究センター研究員、慶應義塾大学非常勤講師、追手門学院大学客員教授、EY Women Athletes Business Networkアンバサダーなども務める。

桐蔭学園《とういんがくえん》ラグビー部《ぶ》　勝利《しょうり》のミーティング

2021年6月1日　第1刷発行

著　　者　藤原秀之　布施 努
発 行 者　佐藤 靖
発 行 所　大和《だいわ》書房
東京都文京区関口1-33-4
電話 03-3203-4511
編　　集　㈱ナイスク（https://naisg.com/）松尾里央　高作真紀　岸正章　岩本敦也
取材・原稿執筆　地蔵重樹
構　　成　角田尚子
帯写真提供　Photo by Rich Fury/World Rugby/Getty Images
ブックデザイン　三森健太（JUNGLE）

本文印刷　厚徳社
カバー印刷　歩プロセス
製 本 所　小泉製本

ISBN 978-4-479- 39366-5

http://www.daiwashobo.co.jp/